Ellen Brombacher
Deutsch-jüdisches Familienbild

Ellen Brombacher

Deutsch-jüdisches Familienbild

Meine Kindheitsmuster und Prägungen

neues leben

*Mein Dank für die Unterstützung gilt meinen Freunden
Thomas Hecker, Moritz Hieronymi, Werner Jonas, Reinhard Junge
und Michael Mäde, sowie
Karin Jürgens, Ortsbürgermeisterin von Bremke; Rolf Bergmann,
Ortsheimatpfleger und Vorsitzender des Heimatvereins Bremke;
Tonia Sophie Müller, Verfasserin der Dokumentation
»Die jüdische Familie Meyerstein in Bremke und Göttingen«
(unter Mitarbeit von Eike Dietert)
und Detlev Beyer-Peters, DKP-Kreisvorstand Recklinghausen*

Inhalt

»Ich war nicht bereit, mich anzupassen« 7

Meine Mutter Brunhilde Meyerstein 31

Briefe der Großeltern Ivan und Julie Meyerstein 55

Die einen zerbrachen, die anderen wurden stärker 59

Mein Vater Ernst Harter und die Solidarität 83

Vater war Häftling Nr. 41995 im KZ Sachsenhausen 90

Ernst Harters Bericht aus dem KZ Mauthausen 96

Harters Rückkehr nach Westerholt 105

Lehrer Schulz und mein 17. Juni 1953 107

Hausdurchsuchung 129

Katja Jonas und der Antifaschist
Ernst Harter in der DDR 132

Besuch in Auschwitz 2007 138

Bremke bei Göttingen: die Wurzeln der Meyersteins 141

Kurt Gutmann, Freund der Familie und 2009
Nebenkläger im Prozess gegen Demjanjuk 151

Franz Harter, mein Onkel, den ich nicht kennenlernte,
weil ihn die Nazis ermordeten 157

Die Haftbriefe von Franz Harter
an die Familie und Freunde 162

Abschied 183

Reinhard Junge: Nachwort 185

Ellen Brombacher, Heinz Marohn, Gerald Schwember:
Eine Studie über Rechtsextremismus oder
Die Fortsetzung der Totalitarismusdoktrin
mit anderen Mitteln (1998) 190

Ellen Brombacher: Das Schweigen aber ...
Es ist keine Alternative 209

Detlef Josef: Vom »Judesein«
und »missachtetem Jüdischen« 217

Vita 235

»Ich war nicht bereit, mich anzupassen«

Würden Sie auch für sich reklamieren, dass mit wachsendem Alter das Interesse an den nicht mehr lebenden Vorfahren zunimmt? Oder spielte die Erinnerung an jene Menschen, über die Sie nachfolgend berichten, schon immer eine Rolle?

Das eine schließt das andere ja nicht aus. Die Erinnerung an meine Eltern spielte schon immer eine große Rolle; nicht nur für mich, sondern auch für meinen Mann und unseren Sohn. Und oft denke ich auch an die Weggefährten meiner Eltern: An Katja und Horst Jonas, an Lore und Heinz Junge, Herta und Paul Stuberg, an Marianne und Robert Konze, an Kurt Gutmann und die anderen, über die ich schreibe. Zugleich – vor allem im Kontext des familiären Hintergrunds meiner Eltern – hat mit wachsendem Alter das Interesse an meinen Großeltern und den Geschwistern meiner Eltern zugenommen. Wenn man selbst in die abschließende Phase seines Lebens eingetreten ist, bilanziert man ja zunehmend das Vergangene, und das ist untrennbar mit den familiären Prägungen verbunden.

Halten Sie solches Erinnern für einen ausschließlich individuellen Vorgang, oder messen Sie dem auch eine gesellschaftliche Relevanz zu? Wenn ja: warum?

Natürlich messe ich dem Erinnern auch eine gesellschaftliche Relevanz zu. Erinnerung an Menschen ist immer auch Erinnerung an geschichtliche Vorgänge. Das Schicksal meiner Eltern ist untrennbar mit dem grausamen Wüten des deutschen Faschismus verbunden. Antifaschismus ist für mich eine unveräußerliche Überzeugung und Pflicht.

Anders verlief das Leben eines der Brüder meines Vaters. Heinz Harter war Unteroffizier der Wehrmacht und am sogenannten Russlandfeldzug beteiligt; zugleich war er mit seinem Bruder Franz, der von 1933 bis zu seiner Ermordung 1940 im Konzentrationslager Sachsenhausen in den Fängen der Nazis war, immer solidarisch. Meine Eltern haben mir beigebracht, Menschen nicht oberflächlich und schematisch zu beurteilen – das Verhältnis meines Vaters zu seinem Bruder Heinz demonstrierte mir diese von Humanismus und auch Toleranz getragene Sichtweise. Wenn meine Eltern jemanden allerdings für einen Nazi hielten, dann war der moralisch abgeschrieben. Diese Mischung von Toleranz und, nennen wir es: Unerbittlichkeit ist gerade heute für mein eigenes Denken und Fühlen von gesellschaftlicher Relevanz, weit über individuelle Vorgänge hinaus.

Die Klassenlinie ging also mitten durch Ihre Familie und dennoch war man sich nicht feind, Blut ist eben doch dicker als Wasser, wie der Volksmund sagt. Aber zurück zur gesellschaftlichen Erberezeption: Verstehen Sie Menschen, die sagen: Ich lebe heute – was interessiert mich der Schnee von gestern?

Wieso Klassenlinie? Mein Vater Ernst und sein Bruder Heinz waren Arbeiter. Der eine war Kommunist und hat gegen die Faschisten gekämpft und der andere war ein Mitläufer, ohne der Nazi-Ideologie verfallen zu sein. Unter der Klassenlinie verstehe ich etwas anderes. Da geht es um Bourgeoisie und Proletariat. Allerdings: Wäre mein Onkel Heinz SS-Mann gewesen – mein Vater hätte kein Wort mehr mit ihm gewechselt. Zu Ihrer Frage nach dem Schnee von gestern: Ich verstehe, dass es leicht ist, Menschen zu manipulieren, die es nicht gelernt haben, in Zusammenhängen zu denken und nach Interessen zu fragen und die demzufolge Geschichte für Schnee von gestern halten. Ich mag nicht elitär feststellen, dass ich solche Menschen nicht verstehe.

Sondern? Ist Unwissenheit oder die Unfähigkeit, in Zusammenhängen zu denken, wirklich Folge von Manipulation? Ich folge Ihnen insofern, als ich ebenfalls wahrnehme, dass mit Hilfe der bürgerlichen Medien täglich eine neoliberale Gehirnwäsche stattfindet. Das kann man Indoktrination nennen, Verdummung. Aber ist Nichtdenkenwollen Resultat von Manipulation?

Wenn ich ins Internet schaue, bin ich manchmal verwundert, dass Menschen das Denken nicht völlig verlernt haben. Und wenn die Bewältigung des Alltags für viele immer problembehafteter wird, dann muss das auch nicht zu mehr Nachdenklichkeit führen.

Mich interessiert, wie man an Menschen herankommt, die – aus Not oder durch Denkblockaden oder beidem – nicht über den Tag hinaus denken. Mit anderen Worten: Der ungenügende Einfluss der Linken bewegt mich weitaus mehr als individuelles Verhalten.

Das verstehe ich. Mich interessiert jedoch etwas anderes: Sie haben jüdische Wurzeln. Ist Ihnen das wichtig? Wichtiger heute als etwa in der DDR? Hatte dort eine jüdische Herkunft überhaupt eine Relevanz?

Ja, meine jüdischen Wurzeln sind mir zunehmend wichtiger. Es gehört zu meiner Identität, ebenso wie meine kommunistische Überzeugung.

Mir ist klar, dass jetzt die eine oder der andere denkt: Wieso bedeutet ihr das Jüdische so viel? Ich kann das nicht mit ein paar Stichpunkten abtun und empfehle stattdessen, den großartigen Lion Feuchtwanger zu lesen.

Hier denke ich besonders an die Romantrilogie Josephus (»Der jüdische Krieg«, »Die Söhne«, »Der Tag wird kommen«), aber auch an die Romane »Die Jüdin von Toledo« oder »Jefta und seine Tochter« und besonders an »Jud Süß«. Diese »Auswahl« fällt mir ein wenig schwer, weil sein gesamtes Werk phänomenal ist und jeder seiner Romane, jedes seiner Dramen und weiteren Bücher auf diese oder jene Weise die jüdische Geschichte tangiert – die frühe und die jüngere, so zum Beispiel in der »Wartesaaltrilogie«, die sich mit dem Aufkommen des deutschen Faschismus und seiner Herrschaft befasst.

Zurück zu Ihrer Frage: In der DDR habe ich über diese Dinge nicht so viel nachgedacht, auch weil ich damals jünger war. Aber das allein ist es nicht. Meine Mutter Hilde Harter hat mir nach der »Wende« einmal gesagt, die Jahre in der DDR seien auch deshalb ihre besten gewesen, weil es im guten Sinne keine Rolle spielte, dass sie Jüdin ist.

Ruth Werner (1907-2000), die ich bis zu ihrem Ableben regelmäßig besuchte, hat im Gespräch mit mir Ähnliches geäußert. Ich behaupte – wider die heutzutage übliche Lesart –, das Jüdische hatte in der DDR weitaus mehr Relevanz als in der alten BRD. Man vergleiche allein Literatur und Kunst. Es ist eine der üblichen Verleumdungen, der DDR Antisemitismus zu unterstellen. Der Verlag dokumentiert am Ende dieses Buches Überlegungen von Prof. Detlef Josef zu genau diesem Thema. Detlef Josef und seine Frau Ursula waren mir gute Freunde, und das meiste, was Detlef Josef schrieb, sehe ich wie er. Dass ich nicht alle von ihm vertreten oder zitierten Positionen teile, tut dem keinen Abbruch.

Glauben Sie wirklich, dass es keine Anflüge von Antisemitismus in der DDR gab? Da wurde doch auch »bis zur Vergasung« gearbeitet, und da fiel mancher »durch den Rost« oder hatte eine

Nase »wie ein Itzik«? Die Alltagssprache war verräterisch, offenbarte nicht nur Gedankenlosigkeit.

Sicherlich – Bodensatz hält sich, und den haben wir zweifelsfrei unterschätzt. Aber ein Globke wäre in der DDR undenkbar gewesen – wohl aber ein Hermann Axen mit der Auschwitznummer auf dem Unterarm, oder ein Albert Norden, Sohn eines Rabbiners. Sie gehörten dem Politbüro an. Das macht den wesentlichen Unterschied. Es gab keine personelle und auch keine strukturelle Kontinuität nach 1945. Die Bundesrepublik war so kapitalistisch wie der Vorgängerstaat, während im Osten ein gesellschaftlicher Bruch erfolgte.

Sie kamen als Ellen Harter 1959 mit Ihrer Mutter in die DDR. Was waren die Gründe für den Wechsel von West nach Ost, also gegen den damaligen Trend? Damals gingen die meisten Menschen von Ost nach West.

Mein Vater war nach dem KPD-Verbot 1956 in die DDR gegangen. Wir lebten gut drei Jahre getrennt, und meine Eltern entschieden sich, wieder zusammenleben zu wollen. Also verließen auch wir die Bundesrepublik und übersiedelten in die DDR.

Sie wurden, damals Kind, nicht gefragt, ob sie mit umziehen wollen. Angenommen, Sie wären damals zehn Jahre älter gewesen: Wären Sie mitgegangen?

Ohne Wenn und Aber: ja! Schon als Kind hatte ich – dank meiner Eltern – die Überzeugung, dass der Sozialismus die bessere Gesellschaftsordnung ist und der Kapitalismus verabscheuungswürdig. Trotz der historischen Niederlage von 1990 bin ich bei dieser Überzeugung geblieben. Heute mehr denn je. Die Gründe liegen auf der Hand. Da ich von der – in der DDR nicht denkbaren – zynischen Unterscheidung von Menschen in »Winner« und »Loser«

absolut nichts halte, ist für mich der Makel des europäischen Sozialismus auch nicht, dass er kein »Winner« war. Der Makel ist, dass ohne den europäischen Sozialismus die Welt heute so aussieht, wie sie aussieht. Sozialismus oder Barbarei – die Feststellung trifft in erschreckendem Maße täglich mehr zu.

Meine Eltern haben mir den Sinn dieser Worte Rosa Luxemburgs schon sehr früh erklärt, mit Auschwitz und Sachsenhausen und mit den Schrecken des Krieges. Meine Mutter sagte: Wenn ein Kapitalist Kochtöpfe herstellt, dann halten die Jahrzehnte. Produziert er Stahlhelme und es ist Krieg, so werden ständig neue gebraucht. Er verdient im Krieg also wesentlich mehr als im Frieden.

Die DDR war für mich eine gesellschaftliche Alternative. Illusionen habe ich schnell verloren, aber meine Überzeugung, dass das bessere System dort ist, wo die Deutsche Bank und Rheinmetall nichts mehr zu sagen haben, die blieb und bleibt. Ein wesentlicher Grund für diese meine Haltung ist, dass der Faschismus kein Phänomen ist, sondern der Ausweg für das Kapital, wenn die Mechanismen der bürgerlichen Demokratie zur Herrschaftssicherung nicht mehr ausreichen. In der DDR war der Faschismus mit seinen ökonomischen Wurzeln ausgerottet worden. Allerdings war es ein Irrglaube, dass sich damit Nazi-Ideologie automatisch erledige.

Sie machten in der DDR Abitur, studierten. Natürlich ist diese Frage spekulativ, trotzdem sei sie gestellt: Wären Sie in der Bundesrepublik geblieben, wäre eine solche Entwicklung für Sie denkbar gewesen, damals, in den sechziger Jahren?

Wären wir im Ruhrgebiet geblieben, so wäre ich in Recklinghausen auf die Aufbauschule gegangen und hätte dort wahrscheinlich mein Abitur gemacht, und ich denke auch, dass ich später studiert hätte.

Also ja. – Mitte der sechziger Jahre, gerade einmal 18, schlossen Sie sich der Sozialistischen Einheitspartei Deutschlands an. Warum? Um an der Komsomolhochschule in Moskau studieren zu können?

Es war für mich eine Ehre, zunächst Kandidatin und nach einem Jahr Mitglied der Partei werden zu dürfen. Meine Eltern waren meine größten Vorbilder. Sie waren Kommunisten, und ich wollte den gleichen Weg gehen. Mit Studienwünschen hatte das absolut nichts zu tun.

Sieht man von meinen schlechten sportlichen Leistungen ab, so war ich eine ausgezeichnete Schülerin. Zugleich war ich ehrenamtliche FDJ-Sekretärin der Grundorganisation unserer EOS mit etwa vierhundert Mitgliedern. Ich hätte – abgesehen vielleicht von der Hochschule für Körperkultur und Sport in Leipzig – damals vermutlich jeden Studienplatz bekommen, für den ich mich beworben hätte. Und ich hatte mich beworben: Ich wollte Lehrerin werden und hatte als Zweitstudienwunsch Journalistik angegeben.

In dem Schulungslager der FDJ in Lenz am Plauer See fragten mich dann leitende hauptamtliche Berliner FDJ-Funktionäre in den Ferien zwischen der 11. und 12. Klasse, ob ich bereit sei, meine Studienplatzbewerbung zurückzuziehen. Stattdessen sollte ich ein Jahr an der Moskauer Komsomolhochschule studieren und danach sofort eine hauptamtliche Tätigkeit übernehmen. Ich hatte nie über eine hauptamtliche Tätigkeit im Apparat des Jugendverbandes oder der Partei auch nur nachgedacht. Das war wirklich nicht gerade mein Lebenstraum.

Doch ich kam zu dem Schluss, dass ich nicht bei der ersten Gelegenheit, die nicht meinen Vorstellungen vom Leben entsprach, kneifen dürfte. Am nächsten Tag sagte ich zu.

Meine Mutter war entsetzt, als sie das hörte. Sie hatte nichts gegen eine hauptamtliche Arbeit, aber sehr wohl etwas dagegen, dass ich keinen Studienabschluss machte. »Sie brauchen junge Funktionäre«, sagte sie. »Mit 22 Jahren, also nach dem Studium, bist du auch noch jung, aber du hättest ein Diplom in der Tasche.«

Mein Klassenlehrer zeigte mir den Vogel, als ich ihm in einem persönlichen Gespräch mitteilte, ich zöge die Studienbewerbung zurück und ihm den Grund dafür nannte. Das waren die üblichen Reaktionen. Nur mein Vater sagte: »Wenn die Partei dich braucht und du bist bereit, das zu machen, dann tu es.«

Haben Sie diese Entscheidung jemals bereut?

Nie. Dennoch: Meine Mutter hatte nicht Unrecht. Auch mit 22 Jahren wäre ich noch jung genug gewesen und hätte mir später die Quälerei eines Abendstudiums erspart.

1970 beendeten Sie dieses Abendstudium an der Humboldt-Universität zu Berlin. Was muss man sich unter einem »Abendstudium« vorstellen? Und was bedeutete »Russistik«, wie lange gab es dieses Studienfach überhaupt?

Abendstudium bedeutete, zweimal in der Woche nach der Arbeit bis gegen 21 Uhr oder später in der Uni Vorlesungen zu hören oder Seminare zu besuchen. Hinzu kam ein umfangreiches Selbststudium. Wir hatten beispielsweise das gleiche Pensum an russischer und sowjetischer Literatur zu bewältigen wie die Direktstudenten. Vom »Igorlied« bis zu den Werken von Daniel Granin, Wladimir Tretjakow oder Tschingis Aitmatow. Tolstoi, Dostojewski oder Puschkin und Gogol – wir haben diese Titanen literarischen Schaffens alle gelesen und bei Professor Dr. Mirowa-Florin darüber debattiert. Sie war auch die Betreuerin meiner Diplomarbeit.

Edel Mirowa-Florin? War das nicht die Frau von Peter Florin, dem Vize-Außenminister der DDR, Botschafter bei der UNO?

War sie. Seit 1945. Sie waren damals beide 24, als sie in der Sowjetunion heirateten. Sie starb 2012, er zwei Jahre nach ihr.

Ich schrieb über Sergej Antonows Erzählung »Der zerrissene Rubel«. Meine Moskauer Freundin Dina organisierte, dass ich den Autor Antonow in den Sommerferien 1969 im Haus der sowjetischen Schriftsteller in Moskau treffen konnte. Die Literatur war mein absolutes Lieblingskind. Ich las schon als Kind sehr gern. Aber diese systematische Begegnung mit Büchern, mit Weltliteratur, war etwas besonders Schönes, ja Aufregendes. Zudem halfen mir gerade die alten Russen, vieles in der Sowjetunion zu verstehen, dem ich während meines Studiums in Moskau manchmal hilflos gegenüber stand.

Und zugleich halfen sie mir, Karl Marx besser zu begreifen, der in »Der Achtzehnte Brumaire des Louis Bonaparte« geschrieben hatte: »Die Tradition aller toten Geschlechter lastet wie ein Alp auf dem Gehirne der Lebenden. Und wenn sie eben damit beschäftigt scheinen, sich und die Dinge umzuwälzen, noch nie Dagewesenes zu schaffen, gerade in solchen Epochen revolutionärer Krise beschwören sie ängstlich die Geister der Vergangenheit zu ihrem Dienste herauf, entlehnen ihnen Namen, Schlachtparole, Kostüm, um in dieser altehrwürdigen Verkleidung und mit dieser erborgten Sprache die neue Weltgeschichtsszene aufzuführen.«

1852 geschrieben und unverändert aktuell!

Natürlich war die Literatur bei weitem nicht das Einzige, womit wir uns an der Universität und im Selbststudium befassten. Da war die nicht sehr geliebte Grammatik der russischen Sprache, von der mir die Einsicht geblieben ist, dass auch eine Sprache ihre Gesetzmäßigkeiten der Entwicklung hat. Wegen der historischen Grammatik dachte ich sogar darüber nach aufzugeben. Ich ging nach den Vorlesungen von Dr. Rackebrand, unserem blinden Dozenten, nach Hause und gestand mir ein, dass ich rein gar nichts begriffen hatte. Das war eine elementare Erfahrung. So etwas hatte ich bis dahin nicht gekannt. Dann aber platzte der Knoten. Es war ganz einfach: Bestimmte Tatsachen müssen stur gepaukt werden, bevor man auf dieser Grundlage zu denken in der Lage ist.

Die historische Grammatik wurde zu einem meiner Lieblingsfächer; die Sprachgeschichte macht die Sprache zu etwas Lebendigem.

Natürlich hatten wir auch Russischunterricht. Für dieses Abendstudium wurde nur immatrikuliert, wer die russische Sprache zumindest umgangssprachlich beherrschte. Die Kommilitonin, mit der ich häufig zusammen lernte, hatte in Leningrad Arabistik studiert und arbeitete nach vielen Jahren im Ausland nun als Russischlehrerin. Sie war perfekt, brauchte aber einen Abschluss und absolvierte deshalb das Russistik-Studium an der Humboldt-Uni.

Den Abschluss habe ich mit »Gut« gemacht, und für meine Diplomarbeit erhielt ich das Prädikat »Ausgezeichnet«. Prof. Mirowa-Florin bot mir an, als Assistentin an der HU zu bleiben und bei ihr zu promovieren. Nie werde ich ihre Worte vergessen: »Vergammeln Sie Ihre Talente nicht bei der FDJ.«

Ich habe ihr das nicht übel genommen, fühlte mich sogar irgendwie geehrt. Aber ich hatte mich entschieden.

Sie arbeiteten in den siebziger Jahren in der Führung des Jugendverbandes, waren Mitglied des Büros des Zentralrats der FDJ. Was konkret machten Sie dort?

Ich habe von 1966 bis 1984 hauptamtlich in der FDJ gearbeitet. Zunächst als Instrukteurin in der Bezirksleitung, dann war ich im Kreissekretariat Berlin-Friedrichshain für die Schuljugend und die Pionierorganisation verantwortlich. 1969 wurde ich Abteilungsleiterin Junge Pioniere/Schuljugend in der Berliner Bezirksleitung der FDJ. Ich habe damals förmlich darum gebettelt, noch ein Jahr in Friedrichshain bleiben zu können.

Warum?
Ich wollte nicht in den letzten zwei Semestern vor dem Staatsexamen eine neue Aufgabe übernehmen.

Und, brachte die Intervention etwas?
Nein.

Hätte mich auch gewundert. In der Kaderpolitik war man unerbittlich, mit Parteiauftrag wurde jeder Widerstand überwunden.
Nicht erst seit heute weiß ich, dass diese unnötige Härte uns viel gekostet hat. Man war der Meinung, der oder die muss das jetzt machen, und es war völlig gleichgültig, dass es genauso gut ein Jahr später hätte passieren können.

Ich habe meine Arbeit bewältigt; ich habe mein Staatsexamen abgelegt. Was Zeit für mich selbst ist, wusste ich nicht mehr.

Und danach?
Änderte sich diesbezüglich wenig. 1971 wurde ich Bezirksvorsitzende der Berliner Pionierorganisation, verbunden mit der Verantwortung für den Schuljugendbereich. Nach den X. Weltfestspielen in Berlin 1973 besuchte ich den Einjahres-Lehrgang der Parteihochschule »Karl Marx«, und im September 1974 wurde unser Sascha geboren.

Daraus schließe ich, dass Sie zwischenzeitlich geheiratet hatten. Es gab also doch mal eine freie Minute. Wo haben Sie Ihren Mann kennengelernt? Was machte er beruflich?

Nicht böse sein. Aber diese Frage kann nur ein Mann so stellen. Und er würde sie so vermutlich einem anderen Mann niemals stellen.

Weshalb glauben Sie das? Ich frage als Journalist, und der ist geschlechtsneutral.
Ich habe noch nie gehört, dass bei einem Mann, der beruflich stark belastet ist, ein gewisses Erstaunen darüber geäußert wurde, dass er Zeit fand, Vater zu werden. Aber Spaß beiseite: Pedro und ich haben uns bei der Arbeit in der FDJ kennengelernt. Er war ein außergewöhnlich guter Organisator und im Bezirkssekretariat der Berliner FDJ für die unmittelbare Vorbereitung der Weltfestspiele der Jugend und Studenten im Sommer 1973 verantwortlich. Direkt danach haben wir geheiratet, und im kommenden Jahr ist unser 50. Hochzeitstag.

Dem Besuch der Parteihochschule folgte in aller Regel eine neue Funktion?
1975 wurde ich 1. Sekretär(in) der FDJ-Bezirksleitung Berlin, und es war so üblich, dass man in dieser Funktion für den FDJ-Zentralrat und dessen Büro kandidierte und auch gewählt wurde. Ich müsste ein Buch schreiben, um über all das zu berichten, womit ich in meiner FDJ-Zeit – sie endete 1984 – befasst war und was ich erlebte. Es war meist eine interessante und manchmal eine weniger interessante Arbeit. Ich war in Jugendbrigaden im Elektro-Apparate-Werke Berlin-Treptow, im VEB Elektrokohle oder Bergmann-Borsig ebenso zu Hause wie bei Studenten der Humboldt-Universität oder jungen Wissenschaftlern an der Akademie der Wissenschaften. Ich kannte alle Erweiterten Oberschulen der Hauptstadt von innen und im Sommer besuchte ich die vier Berliner zentralen Pionierlager in Trägerschaft von Großbetrieben und in

pädagogisch-politischer Verantwortung der Jugendorganisation. Dort verbrachten Kinder und Jugendliche in drei Durchgängen von jeweils vierzehn Tagen für ein paar Mark ihre Sommerferien. Die Aufzählung ließe sich fortsetzen: Ob die FDJ-Grundorganisationen der Betriebsberufsschulen oder der Interflug, ob die FDJ-Organisationen im Außenhandel oder der Volkspolizei in Basdorf; es war absolut normal, bei den jungen Leuten zu sein, zuzuhören, eigene Standpunkte zu vermitteln und um Vertrauen in den Sozialismus zu werben.

Das wurde in den achtziger Jahren immer schwerer. Wir stagnierten, verloren immer weiter an Attraktivität und damit die Jugend. Das hatte auch mit den Folgen der NATO-Nachrüstung und den sowjetischen Gegenmaßnahmen zu tun. Unsere ökonomische Situation wurde immer angespannter. Auch die politische. Wo das wann endete, wissen wir; aber das ist schon wieder ein anderes Thema. Ich möchte die knapp zwei Jahrzehnte Jugendarbeit nicht missen.

1984 wurden Sie Sekretär für Kultur in der SED-Bezirksleitung Berlin. Hatten Sie, als diplomierte Russistin, zu dieser Materie überhaupt eine Beziehung?

Auf jeden Fall. Vor allem durch meine Liebe zur Literatur und meine Bewunderung all jener, die Kunst schufen. Ob Schriftsteller, Bildende Künstler, Komponisten und Musiker, ob Theaterleute oder Tänzerinnen und Tänzer, ob Opernsänger oder Liedermacher, ob Kleinkunst oder volkskünstlerisches Schaffen – ich hatte Respekt, bisweilen Ehrfurcht vor dem, was diesen Menschen gegeben war. Dieser Respekt ist geblieben, und bis heute gehören Künstlerinnen und Künstler zu meinem Freundeskreis, worüber ich sehr froh bin.

In der ersten Zeit musste ich verstehen lernen, dass man im Kunst- und Kulturbereich anders »tickt« als in anderen gesellschaftlichen Bereichen. Ohne die erfahrenen Genossinnen und Genossen in meiner Abteilung hätte ich in der ersten Zeit vermutlich so viel falsch gemacht, dass ich mich möglicherweise davon nicht erholt hätte. Ich bin bis heute davon überzeugt: Wer Politik macht, braucht ein starkes Korrektiv. Ein bedeutendes Korrektiv ist das Leben selbst, es sei denn, man ist borniert. Aber vielleicht ebenso wichtig ist es, von Menschen umgeben zu sein, die ehrlich sind und einem auch Dinge sagen, die man im ersten Moment vielleicht nicht hören will, die man aber hören muss, um abzuwägen, um zu überprüfen, um – wie ein russisches Sprichwort es sagt – siebenmal zu messen, bevor man einmal schneidet.

In den letzten Jahren der DDR war die Lage gerade auch im Kunst- und Kulturbereich so angespannt, dass sich politisch Vernünftiges oft nur noch auf dem Weg der Schadensbegrenzung durchsetzen ließ. Schadensbegrenzung habe ich gelernt. Das in der Linkspartei heute beherrschen zu können, ist ziemlich zweckmäßig.

Ihre Bilanz nach sechs Jahren Kulturbetrieb?

Die Aufgabe verlangte mir viel ab, nicht zuletzt gute Nerven. Aber sie war vor allem faszinierend. Die Theaterbesuche, Konzerte, Podiumsgespräche in den Künstlerverbänden, die Atelierbesuche und ungezählte Gespräche mit Kunst- und Kulturschaffenden: Es war ein einziges Lernen – intellektuell und emotional. Ich bin dankbar, dass ich diese Erfahrungen machen durfte.

Sie gehörten 1976 zu den 66 Berliner Abgeordneten, die in die Volkskammer entsandt wurden; dem DDR-Parlament gehörten Sie bis 1990 an. Dass in Berlin – sowohl in Ost- wie in Westberlin – keine Parlamentarier direkt gewählt wurden, ging auf den Viermächtestatus der Stadt zurück. Wie gingen Sie als hauptstädtischer Funktionär damit um?

1981 und 1986 wurden – trotz der Proteste der drei westlichen Stadtkommandanten – die Volkskammerabgeordneten aus dem Ostteil Berlins direkt gewählt. Daran, wie das 1976 war, als ich erstmals für die Volkskammer kandidierte, kann ich mich beim besten Willen nicht mehr erinnern.

Das Ende der DDR war auch das Ende Ihrer politischen und beruflichen Laufbahn. Sie wurden arbeitslos, wurden umgeschult, arbeiteten als Küchenhilfe in einem Kindergarten und als Arzthelferin, waren dann mit sogenannten Spätaussiedlern und Asylbewerbern beschäftigt. Was genau machten Sie da? Haderten Sie mit Ihrem Schicksal? Andere mit Ihrer Qualifikation und Erfahrung kamen in der neuen Gesellschaft an und fanden Verwendung. Sie nicht. Warum nicht?

Es war etwas anders, als Sie hier aufzählen. Arbeitslos wurde ich erst, nachdem ich Ende 1991 vom Bezirksamt Berlin-Mitte gekündigt wurde. Ich war ab März 1990 als Küchenhilfskraft in der Kinderkombination in der Französischen Straße beschäftigt. Dieser Schritt in die Hilfsarbeit erfolgte vollkommen freiwillig. Ich weiß nicht, ob ich meine hauptamtliche politische Tätigkeit nach der sogenannten Wende hätte fortsetzen können. Ich war Mitglied des Arbeitsausschusses zur Vorbereitung des Sonderparteitages und nahm an diesem im Dezember 1989 auch teil. Das war schon so etwas wie eine Eintrittskarte in den künftigen Politikbetrieb.

Allerdings war nach meinem Eindruck dafür ein sehr hoher Preis zu zahlen. Ich muss das sagen, auch wenn ich damit dem einen oder der anderen wehtue: Wer damals seine hauptamtliche Tätigkeit fortsetzen wollte, im Apparat oder auch auf parlamentarischem Gebiet, der musste sich fast immer in einem Maße anpassen, zu dem ich nicht bereit war.

Anpassen? Woran? Und wo – in der eigenen Partei, in der Gesellschaft, an den Zeitgeist?

Man musste die DDR verleugnen; man musste mit bestimmten Entwicklungsetappen des sozialistischen Versuchs völlig ahistorisch umgehen, man musste die bürgerliche Demokratie lobpreisen, weil es die sozialistische ja angeblich nie gegeben hatte. Man musste über Nacht vieles über Bord werfen, was bis vor kurzem noch zu den ehernen Überzeugungen gehörte.

Warum hätte ich all das tun sollen? Ich habe in meinen FDJ- und SED-Funktionen der DDR gedient. Karriereerwägungen waren für mich nie eine Motivation. Mein Land war nun weg, und in den Strukturen der BRD wollte ich nicht politisch dienen.

Ich wollte etwas tun, was mir die Freiheit gab – ohne politischen Zwängen ausgesetzt zu sein –, darüber nachzudenken, was da mit dem europäischen Sozialismus passiert war, woran wir kaputtgegangen waren und welche Nägel in unseren Sarg wir selbst gehämmert hatten ...

Die Arbeit in der Küche war dafür ideal.

Warum eigentlich?

Ich hatte genau genommen nie körperlich gearbeitet, und ich hatte niemals von morgens bis abends mit Menschen zusammengearbeitet, deren Qualifikation weit unter der meinen lag – und das in dieser von Hysterie geprägten Zeit. Und die wussten ja alle, wo ich herkam – von den »Bonzen«. Es ist eine der wesentlichen sozialen Erfahrungen meines Lebens gewesen, dass ich mit meiner neuen Arbeit nicht nur zurechtkam, sondern nach kurzer Zeit ein vertrauensvolles Verhältnis zu den anderen Küchenfrauen aufgebaut war, aber auch zu den Erzieherinnen.

Als die Westbürokratie Einzug hielt, kamen die Kolleginnen oft zu mir, weil sie voraussetzten, dass ich, ausgehend von meinen

Erfahrungen im Apparat, mit dieser Sprache und diesen Regelungen schon zu Recht kommen würde. Zunehmend wurden mir politische Fragen gestellt und meine Haltung wurde respektiert. Ich möchte nicht einen Tag in »meiner Küche« missen.

Warum wurden Sie nach einem Jahr gekündigt?
Das Bezirksamt schmiss mich raus, ohne konkrete Anwürfe, einfach nur, weil ich FDJ- und Parteifunktionärin gewesen war.

Und die Reaktionen im Hause?
Die Empörung unter den Kolleginnen war groß, und die Kinder schenkten mir Bilder zum Abschied, die sie zum Abschied extra für mich gemalt hatten, und die ich bis heute aufbewahre. »Küchenfrau«, hatten sie oft zu mir gesagt, »machst du wieder bei uns Schlafwache?«

Als ich nach meinem letzten Arbeitstag heulend bei meinen Eltern saß und von meiner Verabschiedung berichtete, sagte mein Vater: »Die einfachen Menschen sind gut.«

Über diese bewegende Zeit habe ich bereits in einem 1991 erschienenen Büchlein »Halt auf der Strecke« berichtet.

Dann, so sagten Sie, waren Sie zum ersten Mal ohne Arbeit. Mit 44 Jahren.
Nicht ganz: Nach meinem Rauswurf machte ich eine Umschulung in Kreuzberg. So merkwürdig das klingen mag: Die elf Monate dort brachten mir zumindest diesen Teil Westberlins nahe. Dann wurde ich Arzthelferin. Mein Chef war ein ehemaliger Militärarzt der DDR-Grenztruppen. Nach einem guten Jahr musste er mich entlassen. Ich war gerade soweit, ein EKG ohne übermäßiges eigenes Herzklopfen zu bewältigen. Aber: Es kamen zu wenig Patienten zu uns in die Sprechstunde und die kreditgebende Bank

Bezirksamt Mitte von Berlin

BERLIN

Bezirksamt Mitte von Berlin, Alexanderplatz 1, Berlin 1026

Dienstgebäude:

Mit Empfangsbekenntnis
Frau
Ellen Brombacher
Leipziger Straße 55

Sprechzeiten:

O-1020 Berlin

Geschäftszeichen (bei Antwort angeben)	Bearbeiter	Zimmer	Fernruf (Durchwahl)	Datum
PV II 102		423a	571	31.10.91

Sehr geehrte Frau Brombacher,

hiermit kündigen wir das bestehende Arbeitsverhältnis nach Anlage I Kapitel XIX Sachgebiet A Abschnitt III Nr. 1 des Einigungsvertrages fristgemäß mit der sich aus § 55 des Arbeitsgesetzbuches ergebenden Frist von zwei Wochen zum Monatsende, also zum

30. November 1991.

Sollte die Kündigung zum 30. 11. 1991 nicht fristgemäß sein, so gilt sie für den nächstmöglichen Kündigungstermin.
Der Kündigung liegt folgender Sachverhalt zugrunde.

Nach Ihren eigenen Erklärungen in der Anhörung vor der Personalkommission am 02. 10. 1991 waren Sie hauptamtlich von 1965 bis 1984 für die FDJ-Kreisleitung bzw. Bezirksleitung und von 1984 bis 1990 für die SED-Bezirksleitung als Sekretär für Kultur im Bezirksvorstand tätig. In der Zeit von 1965 bis 1966 waren Sie an die Komsomolhochschule in Moskau zum Studium abgeordnet. In der Anhörung sagten Sie aus, daß Sie sich aufgrund Ihrer politischen Überzeugung zu der Tätigkeit für die FDJ-Leitung bereit erklärt hatten und hier einen Auftrag der Partei erfüllen wollten. Ganz deutlich wurde auch, daß die politische Arbeit für die SED nicht nur kulturpolitische Themen betraf, sondern allgemeinpolitische Themen im Vordergrund standen.
In Ihrer Funktion haben Sie bewußt zur geistigen Knebelung der Kulturschaffenden beigetragen und ein Klima der Unfreiheit gefördert. In einer glatten, geradlinigen Parteikarriere haben Sie sich engagiert für die Ziele des SED-Systems eingesetzt und die Kulturschaffenden dazu angehalten, diese Ziele zu ihren Zielen zu machen. Ihr aktives Eintreten für die Umsetzung der Beschlüsse der Partei an hoher hauptamtlicher Stelle begründet die Nichteignung für die Tätigkeit der Berliner Verwaltung.

Ihre Bedenken gegenüber dem neuen politischen System, wie Sie sie in der Anhörung äußerten, und Ihre Anmerkungen zum SED-Regime sind nicht dazu geeignet, eine vollständige Neuorientierung erkennen zu lassen. Sie haben selbst eingeräumt, durch Ihre Arbeit für das SED-Regime mitverantwortlich gewesen zu sein.

Verkehrsverbindungen
U-Bahn: Alexanderplatz
S-Bahn: Alexanderplatz
Bus: 9,57,78

Berliner Stadtbank AG
Partner der Berliner Bank AG
Konto-Nr.: 6651-20-511
Postscheckamt Berlin
Konto-Nr.: 7199-57-8219

Kündigung der Kindergarten-Küchenfrau Ellen Brombacher durch das Bezirksamt Mitte von Berlin, 31. Oktober 1991

All dies schließt eine Tätigkeit als Mitarbeiter in der öffentlichen Verwaltung aus. Es ist der demokratisch kontrollierten Verwaltungsleitung und vor allem den zu betreuenden Bürgern nicht zuzumuten, an einem Arbeitsverhältnis mit einem ehemals exponierten Parteifunktionär festzuhalten. Es ist nicht zu erwarten, daß Sie sich wirklich loyal zur demokratisch gewählten und kontrollierten Verwaltungsleitung verhalten werden, zumal Sie dem System der sozialen Marktwirtschaft und des freiheitlich-demokratischen Rechtsstaats ablehnend gegenüberstehen. Deshalb muß das Bezirksamt von einer fehlenden persönlichen Eignung ausgehen.
Die Bürger erwarten eine rechtsstaatlich arbeitende Verwaltung, zu der sie Vertrauen haben können. Dies ist bei Mitarbeitern mit der Vorbelastung als früherer Funktionsträger des SED-Regimes nicht gegeben.
Insbesondere wäre das Vertrauensverhältnis derjenigen Bürger in die neuen demokratischen Strukturen schwer gestört, die durch die Tätigkeit des SED-Staates Nachteile erfahren haben, wenn sie nun in der öffentlichen Verwaltung mit ehemaligen Vertretern des alten Systems konfrontiert werden.
Darüber hinaus besteht die Gefahr für die demokratisch umgestaltete Verwaltung, sich im Verkehr mit der Öffentlichkeit möglichen Verdächtigungen auszusetzen, die in der Beschäftigung von früheren FDJ- und Parteifunktionären ihre Ursache haben. Vor allem ist es für das Bezirksamt nicht tragbar, daß Sie in dem so sensiblen Bereich der Kinderbetreuung mit eingesetzt werden.

Trotz des zugute gehaltenen Wirkens im Rahmen des bestehenden Arbeitsverhältnisses haben die genannten Gründe einen so hohen Stellenwert, daß daran nicht vorbeigegangen werden kann.
Mit der danach festzustellenden Nichteignung besteht für eine noch nicht absehbare Zeit grundsätzlich keine Möglichkeit, Sie im Berliner Verwaltungsdienst zu beschäftigen und zwar unabhängig von dem beim Land Berlin bekleideten Dienstposten.

Diese für Sie belastende Maßnahme war unumgänglich. Der Personalrat ist an dieser Entscheidung beteiligt worden.
Ihre Verpflichtung, über die Ihnen bei Ihrer Tätigkeit beim Bezirksamt Mitte von Berlin bekanntgewordenen Angelegenheiten Verschwiegenheit zu bewahren, besteht weiterhin.

Bitte beachten Sie:

Soweit nach dem Ausscheiden kein Krankenversicherungsschutz bestehen sollte, können sie sich freiwillig versichern. Nähere Auskünfte hierzu, wie zu den Beitrittsvoraussetzungen, gibt Ihre Krankenkasse.

Sollten Sie Kindergeld beziehen, so weisen wir Sie darauf hin, daß die Zahlung von Kindergeld nach dem Bundeskindergeldgesetz mit dem Monat endet, in dem Ihr Beschäftigungsverhältnis erlischt. Wir bitten Sie, die Weiterzahlung bei dem für Sie zuständigen Arbeitsamt (Kindergeldkasse) zu beantragen.

Ihre Arbeitspapiere werden Ihnen von der Gehalts- und Lohnstelle durch die Post zugestellt.

Hochachtungsvoll

Für den Leiter der Abteilung

Bezirksstadtrat

Als »Gefahr für die demokratisch umgestaltete Verwaltung« enttarnt, »hochachtungsvoll« gefeuert – und zu fortdauernder »Verschwiegenheit« verpflichtet – die Kündigung durch den Bezirksstadtrat von Berlin-Mitte stellte meinen Doktor vor die Entscheidung, fürderhin auf Kredite zu verzichten oder einzusparen. Die Einsparung war ich. Er hat mir das ehrlich gesagt, und ich habe das akzeptiert.

Zunächst wurde ich arbeitslos; kurze Zeit nur. Dann meldete sich ein algerischer Freund, der in Lichtenberg im Verein »Kultur ist plural« arbeitete. Es sei eine Stelle frei geworden, sagte er. Ob ich an Sozialarbeit mit ausländischen Mitbürgern Interesse habe. Ich hatte und blieb dort vier Jahre. Dann durfte meine Lohnkostenzuschuss-Stelle aus rechtlichen Gründen nicht mehr verlängert werden.

Das war gut so. Meine inzwischen schwer demente Mutter benötigte meine ganze Zuwendung.

Damals gab es doch noch diese Arbeitsbeschaffungsmaßnahmen, sogenannte ABM-Stellen. Da war nichts für Sie dabei?

Doch, 2000/01 arbeitete ich im Luisenstädtischen Bildungsverein auf Basis einer solchen ABM-Stelle und danach genau genommen fast ohne Unterbrechung bis zu meiner Rente in der gemeinnützigen GmbH »BQG-Ankunft«. Meine Chefin war Brigitte Triems, der ich mich zu großem Dank verpflichtet fühle. In der BQG herrschte ein Klima des Vertrauens und der Solidarität. Ich ging dort jeden Morgen gerne hin und konnte über die Jahre sehr vielen russischsprechenden Menschen helfen. Oft in kleineren Dingen, besonders auf den diversen Ämtern. Es gibt kein Jobcenter in Berlin, welches ich nicht kennenlernte. Und manchmal ging es für die von mir Betreuten um fast alles, und wir mussten die Härtefallkommission um Hilfe bitten. Einige habe ich so vor der Abschiebung bewahren können. Die Ausländerbehörde am Friedrich-Krause-Ufer ist mir bis heute ein Graus.

Haben Sie mit dem Schicksal in diesen Jahren jemals gehadert?

Nie. Warum hätte ich das tun sollen?

Entschuldigung: Sie waren, wie diese Floskel heißt, überqualifiziert. Das, was Sie gelernt hatten, die Erfahrungen, die Sie in Ihrem Berufsleben gesammelt hatten, machte Sie doch für jedes höhere Amt tauglich in einer Republik, wo Steinewerfer Außenminister und Plagiatoren Vereidigungsminister werden können.

Es geht nicht darum, ob ich das Gleiche oder mehr kann als Plagiatoren, Studienabbrecher oder Steinewerfer. Es geht darum, dass ich diesem kapitalistischen System gar nicht politisch dienen will. Ich bin zu keiner Arbeit, die ich nach 1990 ausgeübt habe, gezwungen worden. Und ich habe viele anständige Menschen getroffen und jede, wirklich jede Tätigkeit habe ich engagiert ausgeführt.

Nicht wenige Ihrer Genossinnen und Genossen kamen auch in der Politik unter, zogen in den Bundestag oder in Landtage ein. Sie nicht. Haben Sie sich nie um ein Mandat beworben, oder wurde Ihnen keine Kandidatur angeboten?

Weder habe ich mich irgendwann um ein Mandat beworben, noch wurde mir eine Kandidatur angeboten. Ich sage das ohne eine Spur Bitterkeit. Noch einmal: So selbstverständlich ich in der DDR hauptamtlich Politik machte, so wenig wollte ich das in der Bundesrepublik.

Vor den Genossinnen und Genossen, die heute hauptamtlich oder als Parlamentarier arbeiten, ohne den Zeitgeist zu bedienen, habe ich größten Respekt. Mein Quantum an beruflich ausgeübter Politik war systemgebunden und hatte sich 1989 erfüllt.

Allerdings engagierten Sie sich nach 1990 gesellschaftlich weiter, wurden eine der Aktivistinnen in der PDS, in der Kommunistischen Plattform, bei der Sie als Sprecherin in der heutigen Partei Die Linke noch immer für Aufmerksamkeit sorgen. Warum? Beifall gibt es dafür wenig.

Für Beifall war ich nie politisch aktiv. Natürlich freut man sich über Gelungenes und über Anerkennung. Wer aber ausschließlich dafür arbeitet, wird Niederlagen nicht verkraften, zumindest nicht auf Dauer. Und wir leben mit der Niederlage. Mit der großen von 1990 und mit all den kleineren, die nicht zuletzt mit der großen im Zusammenhang stehen. Und wir sind auch zuvor nicht von Sieg zu Sieg geschritten. Sonst wären wir noch da.

Der Kampf heute ist ein zunehmend schwerer – gerade in der jüngsten Zeit. Aber er muss geführt werden. Wir können dem Kapital die Erde nicht widerstandslos überlassen.

Das klingt nicht nur reaktiv, sondern auch ein wenig resignativ.
Das Ende des Kampfes ist offen.

Alljährlich finden sich im Januar Tausende in Berlin-Friedrichsfelde ein, es gibt ein Stilles Gedenken und eine Liebknecht-Luxemburg-Demonstration, die vom Frankfurter Tor bis zur Gedenkstätte der Sozialisten zieht. Sie marschieren als einer der Organisatoren der LL-Demo seit Jahren in der ersten Reihe. Hat diese Mission etwas mit Ihrer Herkunft zu tun?
Es ist weniger eine Mission als eine Frage der Organisation, der Mobilisierung. Unser Bündnis ist mittlerweile eine verschworene Truppe, zu der ich gehöre und in der ich meine Aufgaben erfülle. Wir alle verehren Rosa Luxemburg und Karl Liebknecht. Das ist keine aus meiner Herkunft resultierende Besonderheit.

Nicht wenige Ostdeutsche entdeckten erst nach dem Untergang der DDR ihre jüdischen Wurzeln. Und mitunter musste diese späte Ausgrabung ihre Behauptung stützen, dass die DDR ja antisemitisch gewesen sei. Wie sehen Sie das?

Die DDR war nicht antisemitisch. Über den Bodensatz sprach ich bereits. Zweifellos gab es den. Dass wir den nicht sahen oder auch nicht sehen wollten, ist kein Antisemitismus, sondern politische Fahrlässigkeit. Schlimm genug. Dass für mich meine jüdischen Wurzeln nach dem Untergang der DDR eine größere Rolle spielten und spielen als vor 1989, hat eher mit antisemitischen Tendenzen im nun wieder großen Deutschland zu tun.

Letzte Frage: Über das Privatleben von DDR-Politikern wurde selten etwas bekannt, Sie stehen augenscheinlich in dieser Tradition. Wie leben Sie, wo leben Sie, haben Sie Hunde oder Katzen?

Vorab: Trotz Tierliebe haben wir, im Zentrum Berlins lebend, weder Hund noch Katze. Mein Mann und ich wohnen in einem der Vierzehnstöcker in der Leipziger Straße. Wir haben einen Sohn, zwei Enkelkinder und eine Urenkelin. Jede Stunde miteinander ist wertvoll, ich würde sogar sagen: Diese Stunden sind das Wichtigste. Mehr über meine Familie möchte ich hier wirklich nicht sagen.

Dann sagen Sie bitte etwas zu Ihren jüdischen Vorfahren, zu Ihrer Familie, wie es dieser in der Shoa – diese Katastrophe, wie es im Hebräischen heißt – erging?

Von ihnen wird ja im Buch die Rede sein. Von meiner Mutter und ihren Schwestern Irma und Anni, die die Shoa überlebten; ebenso von der Cousine Margot, die als Zwölfjährige nach Palästina entkam. Meine Großeltern Julie und Ivan Meyerstein wurden ins Warschauer Ghetto deportiert und sind verschollen. Die Urgroßeltern Bertha und Max Meyerstein wurden – beide Mitte achtzig – nach Theresienstadt verbracht. Angeblich verstarben sie an Altersschwäche. Im KZ *starb* aber niemand. Sie alle wurden ermordet, selbst wenn sie »starben«.

Mindestens vierzig Mitglieder aus der Familie meiner Mutter überlebten die Shoa nicht. Von den Wenigsten ist bekannt, wo sie umkamen. Die deutsche Gründlichkeit hält bei ihnen allen nur eines exakt fest: den Deportationstermin. Danach sind die meisten *verschollen*.

Gespräch: Frank Schumann

Meine Mutter
Brunhilde Meyerstein

Am 10. März 1947, wenige Wochen nach meiner Geburt am 15. Februar 1947, erhielt meine Mutter einen Brief von Bertha Strauss, wohnhaft in Brüssel, 192 rue Victor Hugo. Sie zählte zu jenen Menschen, die meiner Mutter das Überleben ermöglicht hatten. Bertha Strauss schrieb über den Besuch von Mamas jüngster Schwester:»Gestern war Anni hier und zeigte den glücksstrahlenden Brief Ihres Mannes. Meinen aller-, allerherzlichsten Glückwunsch zur Geburt Ihrer kleinen Tochter. Möge Ihre Ellen ein solch tüchtiger, kluger, liebenswerter Mensch und eine charaktervolle Persönlichkeit werden – wie es ihre Mutter ist ...«

Bertha Strauss hat meine Mutter, Brunhilde Meyerstein, geboren am 21. November 1910, sehr treffend charakterisiert. Ich möchte hinzufügen:Meine Mutter war mutig. Sie arbeitete in der Bewegung»Freies Deutschland« in Belgien unter deutschen Soldaten – als illegal lebende deutsche Jüdin. Das war schon tollkühn.

Tollkühn war es auch, wie sie ihre Schwester Anni rettete. Die lag im Krankenhaus, und als meine Mutter sie besuchen wollte, standen die Wagen der Gestapo am Haupteingang. Offensichtlich eine Razzia. Meine Mutter rannte zum Hintereingang und war früher in Annis Zimmer als die Gestapo. Beide flohen. Beide überlebten. Anni behielt von der nichtauskurierten Lungenentzündung ein schlimmes Asthma zurück und wurde keine sechzig Jahre alt.

Meine Mutter hatte sie kurz vor Kriegsausbruch nach Belgien geholt. Da war Anni achtzehn. Die mittlere Schwester Irma emigrierte 1936 nach Palästina. Beide – Anni und Irma – gingen nach dem Krieg in die USA. Hin und wieder besuchten sie uns mit ihren Männern in der DDR, und auch nach 1990 sahen wir uns. Einmal kam auch die Cousine Margot aus Haifa hinzu. Die seinerzeit zwölfjährige Margot war eine der Überlebenden eines von der deutsch-faschistischen Marine torpedierten Schiffes auf dem Weg nach Palästina.

Mutter, ihre Schwestern und Margot gehörten zu den wenigen aus der Familie Meyerstein, die den Holocaust überlebten.

Vor der Besetzung Belgiens durch die Deutschen, denen mein Vater sofort in die Hände fiel, hatten sich meine Eltern – Hilde und Ernst – flüchtig kennengelernt. Im August 1944 wurde meine Mutter durch den Verrat eines sogenannten Judenfängers verhaftet. Auf dem Weg zu einem illegalen Treff sah sie – ohne noch ausweichen zu können – das Gestapo-Auto, in dem dieser Mann saß, der, um seine jüdische Familie zu retten, andere Juden ihren Mördern auslieferte. Als sie ihn erblickte, errötete sie offensichtlich tief. Ein Gestapomann rief meine Mutter heran und stellte fest, dass ihre Papiere gefälscht waren. Sie wurde daraufhin verhaftet und für ein knappes Vierteljahr in Malines[1] (Belgien), einem Sammellager für Auschwitz, gefangen gehalten. Doch infolge der Eröffnung der Zweiten Front in der Normandie (Frankreich) am 6. Juni 1944 durch die Westalliierten fuhren keine Deportationszüge mehr in Richtung Osten.

Nach dem Kriegsende ging meine Mutter nach Deutschland zurück, ins Ruhrgebiet. 1942, in tiefster Illegalität, war sie Mitglied der KPD geworden. Als ich sie fragte, warum sie diesen Schritt gegangen sei, lautete ihre Antwort: »Ich wollte etwas tun, wollte mich wehren. Die Kommunisten waren nach meiner Erfahrung die konsequentesten Hitlergegner, und meine ganze Hoffnung ruhte auf der Roten Armee. Und schon 1936 – es war das erste und einzige Mal, dass er mich in der Emigration besuchte – sagte mein Vater zu mir, er sei in der falschen Partei gewesen.«

Ivan Meyerstein war Sozialdemokrat.

Nach dem Sieg über den Faschismus wurden deutsche Kommunistinnen und Kommunisten aufgefordert zurückzukehren. Sie sollten am Aufbau eines besseren Deutschlands mitwirken. In ihrer eigentlichen Heimat, in Bremke bei Göttingen, ist meine Mutter niemals wieder gewesen. Seit 2018 erinnert jedoch eine Tafel in Bremke an die aus dem Dorf vertriebene jüdische Bevölkerung, die meisten trugen den Namen Meyerstein.

Im *Göttinger Tageblatt* vom 15. November 1938 hieß es im Zusammenhang mit der Pogromnacht vom 9. November: »Nun sind wir die Juden los, für immer. Was noch an sie erinnern konnte, die Synagoge, ist ein Raub der Flammen geworden, und mit ihr der ganze übrige Spuk, die Talmudschriften, die Gebetsrolle und die Posaune von Jericho.[2] [...] Nun sind auch die letzten Reste beseitigt. Das Kapitel ›Juden in Bremke‹ ist damit ausgelöscht, und freudig bewegt steht unsere Dorfgemeinschaft vor den Trümmern einstiger jüdischer Herrlichkeit.«[3]

Zur Geschichte meiner Angehörigen mütterlicherseits heißt es in einer von Tonia Sophie Müller (unter Mitarbeit von Eike Dietert) verfassten Dokumentation »Die jüdische Familie Meyerstein in Bremke und Göttingen«[4]: »Die erste jüdische Familie hatte sich 1727, eine weitere 1740 in Bremke niedergelassen. Ab 1755 begann schließlich eine verstärkte Zuwanderung von Juden nach Bremke, die vorwiegend aus Hessen stammten und hier im Adligen Gericht Altengleichen Aufnahme fanden.

[...] Die Geschichte der Familie Meyerstein in Bremke konnten wir über 220 Jahre zurückverfolgen.« Dies zeige, so heißt es in der Dokumentation weiter, wie sehr die Familie mit der Geschichte des Dorfes und der dortigen jüdischen Gemeinde verbunden sei.

Über meine Großeltern Ivan und Julie Meyerstein heißt es in der Dokumentation: »Ivan Meyerstein (*1885) war mit der ein Jahr jüngeren Julie Adler aus Niedenstein (Hessen) verheiratet. Ivan lebte als Manufakturwarenhändler[5] in Bremke und war Mitte der 1920er Jahre Vorsteher der Synagogengemeinde. 1937 zog er mit seiner Familie nach Göttingen[6]. Dort arbeitete er u. a. als Bauarbeiter bei einer Niederlassung der Wuppertaler Firma Gebrüder Schutte, ab 1941 in der sogenannten ›Judenkolonne‹ der Firma August Drege.

Nach einer Verordnung vom 11. Oktober 1941 durften Juden ›nur gruppenweise zur Arbeit eingesetzt werden‹; dementsprechend wurden bei Göttinger Tiefbaufirmen als ›Judenkolonnen‹ bezeichnete Arbeitsgruppen gebildet. Die Beschäftigten waren dabei schikanösen Arbeitsverhältnissen ausgesetzt und erhielten sehr niedrige Löhne, die zusätzlich durch zahlreiche Sonderregelungen beschränkt waren.

Die Aufgabe dieser ›Judenkolonne‹ der Göttinger Firma Drege, die etwa 15 Männer umfasste, bestand in der Beseitigung von Hochwasserschäden am Flüthedamm der Leine. Hier musste auch Ivan Meyerstein arbeiten, bis am 20. März 1942 die ›Judenkolonne‹ aufgelöst wurde. Sechs Tage später, am 26. März 1942, wurden Ivan und Julie Meyerstein in das Warschauer Ghetto[7] deportiert. Das Ehepaar gilt als verschollen und wurde nach dem Krieg für tot erklärt.«

Meine Mutter, Verkäuferin von Beruf, verließ Hitlerdeutschland bereits im Herbst 1933, mit 23 Jahren. »Wieso bist du so früh gegangen?«, fragte ich sie einmal.

»Ich habe denen immer geglaubt, dass sie tun werden, was sie sagen. Ich wollte mich, bevor ich mich auf eine Bank setze, auch nicht vergewissern müssen, ob da draufsteht: ›Für Juden nicht erlaubt‹. Ich habe in Belgien, in Holland und später erneut in Belgien bis zur deutschen Okkupation in jüdischen Haushalten gearbeitet. Einmal wurde ich ausgewiesen. Der holländische Polizist, der mich begleitete, stieg eine Station vor der Grenze aus, und ich fuhr vom Grenzbahnhof aus zurück.«

Besonders in ihren letzten Jahren, bei fortschreitender Demenz, quälte meine Mutter der Gedanke, dass sie nicht da gewesen war, als ihre Eltern abgeholt wurden. Wenn ich ihr sagte, dass das Wissen ihre Eltern gewiss beruhigt habe, dass ihre Kinder außerhalb Deutschlands und somit vielleicht in Sicherheit waren, tröstete sie das kaum. Irgendwann zeigte sie mir die Briefe ihrer Eltern, meiner Großeltern.

Auf welchen Wegen sie und meine Tante Anni diese Schreiben erhielten, habe ich damals nicht erfragt und werde es darum auch nie erfahren.

Anmerkungen

1 In der belgischen Stadt Mechelen (deutsch Mecheln, französisch Malines) befand sich ein SS-Sammellager, von dem aus mehr als 25.000 Juden von der deutschen Besatzungsmacht ins KZ Auschwitz deportiert wurden.
2 Der Talmud ist eines der bedeutendsten Schriftwerke des Judentums. Die Legende von den sieben Priestern, die mit sieben Posaunen am siebenten Tag der Belagerung die Stadtmauer von Jericho zum Einsturz brachten, ist im Alten Testament, Buch Josua 6, 6-20 beschrieben.
3 »Jahwes Pleite in Bremke«, unbekannter Verfasser, *Göttinger Tageblatt* vom 15. November 1938
4 Tonia Sophie Müller unter Mitarbeit von Eike Dietert: »Die jüdische Familie Meyerstein in Bremke und Göttingen. Eine Dokumentation« In: Göttinger Jahrbuch, Bd. 50, Göttingen 2002
5 Verkauf von Waren mit hohem Handarbeitsanteil
6 Es handelte es sich nicht um einen erzwungenen Umzug
7 Das Warschauer Ghetto war das bei weitem größte »Sammellager« für jüdische Menschen. Von hier aus erfolgten die Deportationen in die Vernichtungslager. Am 19. April bis mindestens 16. Mai 1943 fand der Aufstand im Warschauer Ghetto statt, der mit der völligen Vernichtung desselben endete.

Hauptzollamt
Str.L.209/38

Abschrift

Nordhorn, den 27. Januar 1939.

Strafbescheid gegen Hildegard Meyerstein.

Die am 7.12.38 von dem Zollinspektor Warren, Bentheim der Auswanderin Hildegard Meyerstein bei der Ausreise abgenommenen Gegenstände und zwar 1 Armbanduhr und 1 Armband werden gemäss § 45 Absatz 2 des Dev.Ges. eingezogen.

Gründe:

Der Zollinspektor Warren, Bentheim fand am 7.12.38 anlässlich der Devisennachschau bei der Auswanderin Hildegard Meyerstein 1 Armbanduhr, 1 Armband und 2 Damenringe vor, die sie in das Ausland verbringen wollte. Da eine Genehmigung de zuständigen Devisenstelle nicht vorlag, wurden die Gegenstände zunächst sichergestellt. Die Beschuldigte gab an, dass die Genehmigung zur Ausfu der bezeichneten Gegenstände in der allgemeinen Genehmigung für das Umzugsgut enthalten sei. Die angestellten Erhebungen haben jedoch ergeben, das die von der M. gemachten Angaben bezüglich des Armbandes und der Armbanduhr nicht zutreffend sin Diese beiden Stücke sollten demnach verbotswidrig in das Ausland verbracht werden.

Die Beschuldigte hat sich somit wegen Devis ausfuhrvergehens – Zuwiderhandlung gegen § 13 Abs Dev.Ges. – strafbar gemacht und ist an sich aus § 42 Abs. 1 Ziffer 3 in Verbindung mit § 45 Abs. a.a.O. zu bestrafen.

Da die Beschuldigte inzwischen ihren Wohnsi in das Ausland verlegt hat, ist eine Strafverfolgung nicht möglich. Es ist daher gemäss § 45 Abs. 2 Dev.Ges. vom 4.2.35 auf Einziehung der Gegenstände zugunsten des Reiches zu erkennen.

Im Auftrage:
gez. Hagemann

Abschri

Als Hildegard Meyerstein – eine Verwandte der Mutter – am 7. Dezember 1938 ausreiste, wurde ihr an der Grenze die Uhr und ein Armband abgenommen und der Diebstahl protokolliert

Verhandelt Göttingen, den 3.Oktober 1945.

Es erscheint unvorgeladen Frl.Hilde Meyerstein,wohnhaft in Rheine,Düppelstr.3 A,und erklärt,mit den auf besonderem Verzeichnis aufgeführten Personen,deren Vermögen zugunsten des Deutschen Reichs eingezogen worden ist,verwandt zu sein Sie will zur Wiedererlangung dieser Vermögenswerte in Göttingen einen Vertreter bevollmächtigen. Ev. wird sie Nachlaßpfleger bestellt werden.
Ich habe Frl.Meyerstein eröffnet,daß auf Anweisung der Militärregierung das Eigentum einstweilen nicht zurückgegeb werden darf,auch nicht,wenn die Rechtsansprüche nachgewiese werden. Es bleibt in dieser Hinsicht weitere Anordnung der Militärregierung abzuwarten.
Frl.M.bittet,Sie zu benachrichtigen,wenn die entsprechen Anordnungen über die Vermögensrückgabe vorliegen.
V. g. u.'

g. w. o.

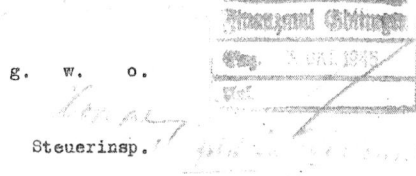

Steuerinsp.

Eltern: Meyerstein,Iwan u.Ehefrau Julie(M 9)   Werte rd. 1.300 RM ,

Großvater: Meyerstein,Max   (M 16) Werte bis 31.3.45 rd.   880 RM ,
                                                und Hausgrdstck.Bremke Nr.
Onkel: Meyerstein,Moritz u.Ehefr.Regina sowie Kind
                                            Martha (M 12)   rd.465 RM ,
 " :   Meyerstein,Leopold u.Ehefr.Gelly sowie Sohn
                                            Walter (M 10)   rd.948 RM ,
Großmutter:Meyerstein,Berta (M 15)   rd.   32 RM ,

Cousine: Meyerstein,Franziska (M 7)   rd.   - RM ,

Onkel: Meyerstein,Herm. (Sammelmappe)   rd.   19 RM ,

 " :   Meyerstein,Wolfgang ("   )   rd.   1 RM ,

          Meyerstein,Hilde u.Irma (")   rd.   3 RM .

Mit gleicher Konsequenz und allem Recht forderte sie nach dem Ende des Hitlerreiches vom Nachfolgestaat die Herausgabe der ihrer Familie geraubten »Vermögenswerte«. Schon aus Prinzip!

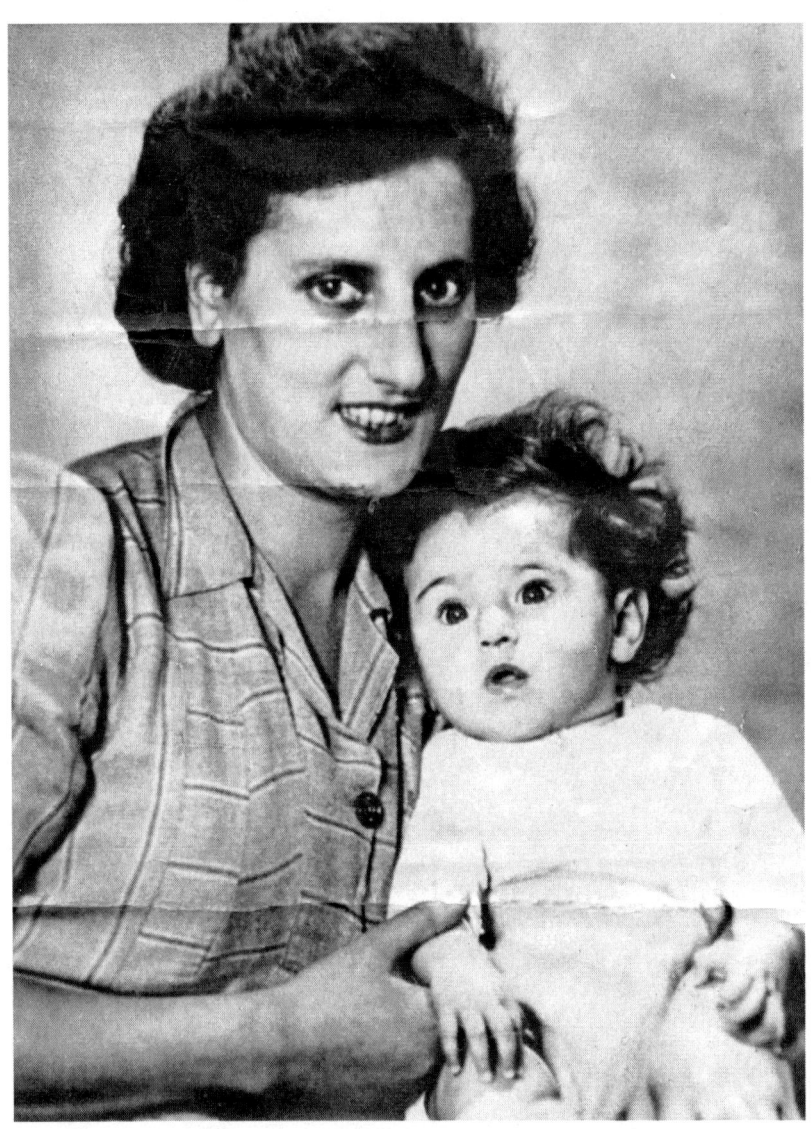

Brunhilde (»Hilde«) Harter, geborene Meyerstein, mit ihrer Tocher Ellen, 1947

Geburtsurkunde.

Aa

Nr. 64.

Orsoy, am 22. November 1910.

Vor dem unterzeichneten Standesbeamten erschien heute, der Persönlichkeit nach be_kannt,

Der Kaufmann Ivan Meyerstein,

wohnhaft in Orsoy, mosaischer Religion, und zeigte an, daß von der Julie Meyerstein geborenen Adler, seiner Ehefrau mosaischer Religion,

wohnhaft bei ihm,

zu Orsoy in seiner Wohnung am ein und zwanzigsten November des Jahres tausend neunhundert und zehn nachmittags um drei drei viertel Uhr ein Mädchen geboren worden sei und daß das Kind den Vornamen Brunhilde erhalten habe.

Vorgelesen, genehmigt und unterschrieben:
Ivan Meyerstein

Der Standesbeamte
In Vertretung: Haferkamp

Daß vorstehender Auszug mit dem Geburts-Haupt-Register des Standesamts zu Orsoy gleichlautend ist, wird hiermit bestätigt.

Orsoy, am 17. April 1936.

Der Standesbeamte
In Vertretung:

Form. 8.

Julie und Ivan Meyerstein mit ihrer Tochter Anni, der Schwester von Brunhilde, 1937.
Links: Die nachträglich ausgefertigte Geburtsurkunde von Brunhilde Meyerstein, der Mutter von Ellen Brombacher.
Rechts: Grabstein der 1870 verstorbenen Betti Meyerstein auf dem Jüdischen Friedhof in Bremke bei Göttingen. Dort lebte die Familie Meyerstein über 220 Jahre ...

Brombachers Großeltern Julie und Ivan Meyerstein. Sie war eine geborene Adler und stammte aus Niedenstein in Hessen, er war der zweite Sohn von Bertha und Max Meyerstein, geboren 1885. Ivan Meyerstein wurde Mitte der zwanziger Jahre Vorsteher der Synagogengemeinde von Bremke. 1937 hatte die Familie nach Göttingen »umzuziehen«, wo Ivan M. als Bauarbeiter in einer sogenannten Judenkolonne Zwangsarbeit für eine Göttinger Firma leisten musste.
Am 26. März 1942 wurden Julie und Ivan Meyerstein in das Warschauer Ghetto deportiert

Letzter Brief der Eltern vor der Deportation, 21. März 1942

Meine heißgeliebten Kinder!

Es gibt heute für mich nicht mehr viel zu berichten, der l. Papa hat Euch ja schon Alles mitgeteilt u. was soll ich dem noch hinzufügen? Vertraut auf Gott, wie wir es tun, vielleicht wendet sich noch alles zum Guten. Ich habe noch alle Hände voll zu tun mit den Vorbereitungen zur Reise, weiß kaum wo mir der Kopf steht. Es ist bereits gleich 12 Uhr u. morgen früh müssen wir zeitig auf, darum will schließen.

Lebt wohl meine lieben guten Kinder, bleibt gesund u. denkt immer an uns, wie wir zu jeder Stunde Eurer gedenken, laßt Euch unzählige Male innigst umarmen u. küssen von Eurer sehr betrübten

Mutter

Sobald es uns irgend möglich ist, hört Ihr von uns.

Rückseite des Abschiedsbriefes vom 21. März 1942, geschrieben von der Mutter Julie Meyerstein. Auf der Vorderseite hatte der Vater Ivan Meyerstein die drei Töchter Hilde, Irma und Anni wissen lassen: »Also wenn nichts dazwischen kommt, was auch nicht ausgeschlossen ist, werden wir im Laufe dieser oder der nächsten Woche verreisen. Es ist jetzt bei dem milden Wetter ja auch besser reisen als im Winter. [...] Wir selbst sind gesund und voller Zuversicht.«

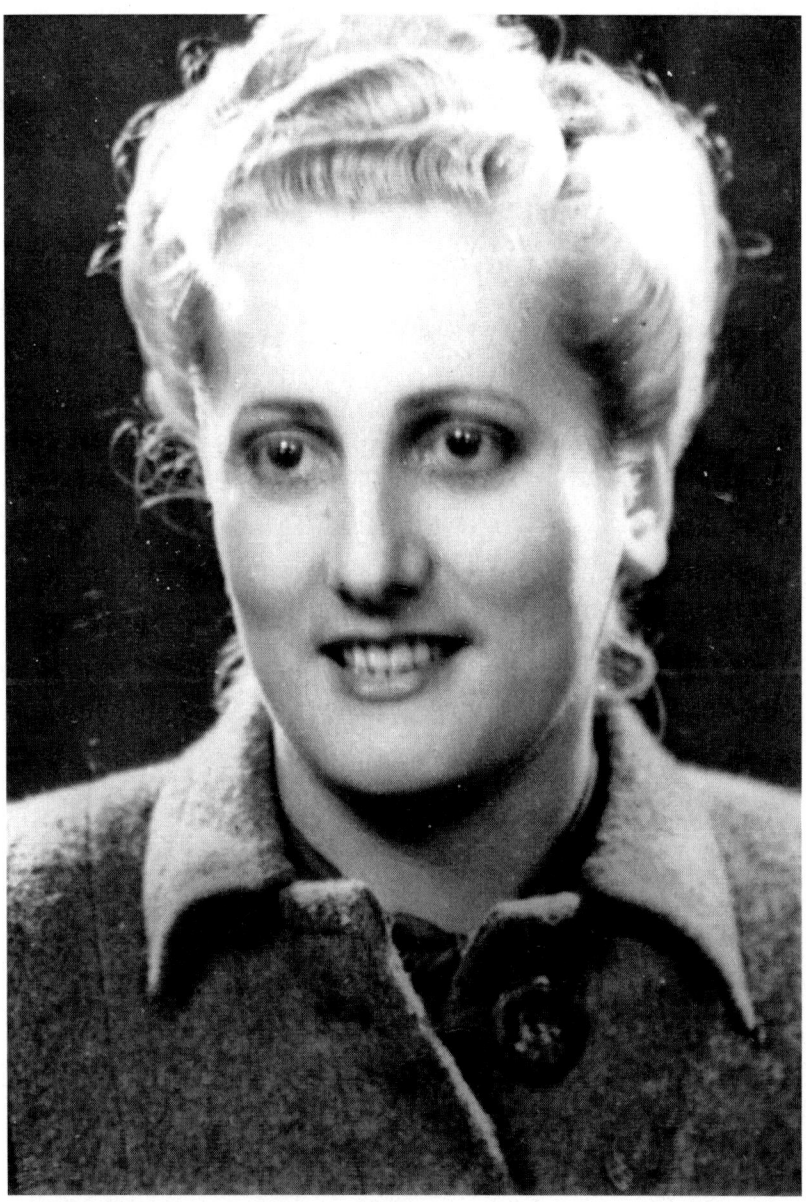

Hilde Meyerstein illegal im belgischen Exil. Zur Tarnung färbte sie sich die Haare blond

 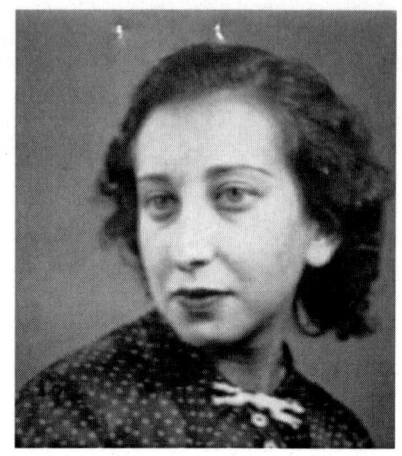

Links Hilde Meyerstein, rechts ihre Schwester Anni Meyerstein. Mit 23 Jahren, im Herbst 1933, verließ Hilde Nazideutschland. Sie arbeitete in Belgien und in den Niederlanden in jüdischen Haushalten. Nach der faschistischen Okkupation schloss sie sich der belgischen Widerstandsbewegung an, trat 1942 der KPD bei. Hilde hatte ihre 18-jährige Schwester Anni 1938 nach Belgien geholt, Schwester Irma war bereits 1936 nach Palästina emigriert

Schwester Anni mit ihrem Mann Max Potter. Sie litt an Asthma und wurde keine sechzig Jahre alt.

Unten: *Die Schwestern Anni (links) und Irma (rechts) zogen mit ihren Männern – beide deutsche Juden – in die USA. Hier die beiden Paare Potter und Haas während eines gemeinsamen Sommerurlaubs in den sechziger Jahren*

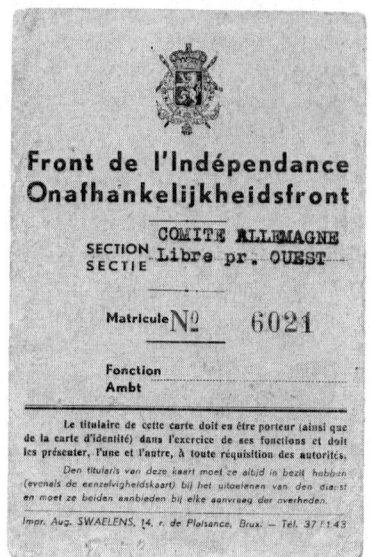 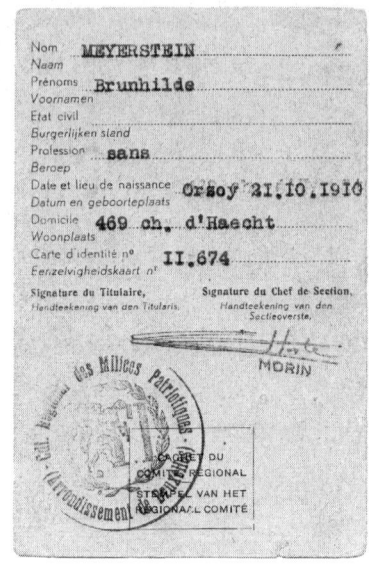

Belgisch-flämisches Dokument, das die Mitgliedschaft in der »Unabhängigkeitsfront« und ihren Wohnsitz in der Chaussée de Haecht 469 ausweist. Das ist eine Straße, die im Zentrum Brüssels beginnt und in der Gemeinde Haecht endet und dabei vier Gemeinden der belgischen Hauptstadt durchquert

```
        CA (PR) Controll. Standort Brüssel.


        Hierdurch wird bestätigt, daß Brunhilde Meyerstein
     Mitglied der Bewegung „Freies Deutschland" in Belgien ist.
     Mitgliedskarte Nr. ....................
     Alle Mitglieder dieser Organisation haben in der Wider-
     standsbewegung aktiv am Kampf gegen den Feind teilgenom-
     men und sind von einem besonderen Untersuchungsausschuß
     auf ihre demokratische Einstellung überprüft worden.
     Daher wird gebeten, dem Inhaber dieser Bescheinigung jede
     de Unterstützung und alle möglichen Erleichterungen zu ge-
     währen.


        Alliierte Streitkräfte
        Amt für zivile Angelegenheiten           gez. Unterschrift
        Brüssel, den 10.10.1945                  Senr. C:mdt.
```

In Westerholt im Ruhrgebiet, Weihnachen 1947 – Tante Rosa, die Schwester von Ernst Harter, Mutters Schwägerin.

Unten: Hilde Harters lokaler OdF-Ausweis

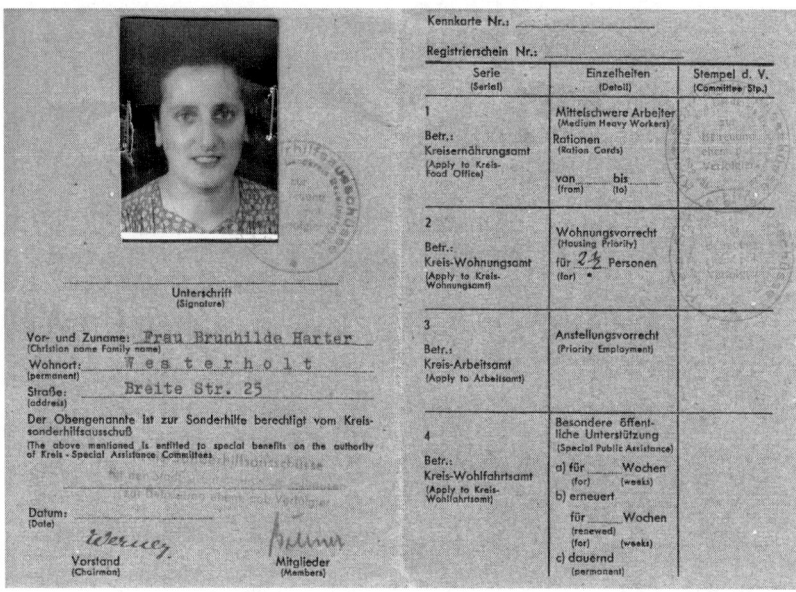

Am 1. August 1946 wurde das Aufgebot bestellt, am 15. Februar 1947 kam Tochter Ellen zur Welt

Links: Weihnachtsfeier Anfang der fünfziger Jahre mit Cousin Lothar Harter und dessen Eltern Leni und Heinz Harter

In Berlin in den neunziger Jahren: Hilde Harter (M.) mit ihrer Schwester Irma (USA) und Cousine Margot (Israel)
Linke Seite oben: In Westerholt in den fünfziger Jahren: Ellen Harter mit Reinhard Junge, dem Sohn von Heinz Junge und Autor des Nachworts in diesem Buch
Links unten: Silberhochzeit von Leni (mit Brille) und Heinz Harter, rechts außen Hilde Harter. Zweite von links: Tante Tini, die Schwester von Ernst Harter. Dritter von rechts: Lothar Harter, der Sohn des Silberhochzeits-Paares

Mutter Hilde Harter in ihrer Berliner Wohnung, 1996

Briefe der Großeltern
Ivan und Julie Meyerstein

Göttingen, 4. Jan. 1941

Meine geliebten, guten Kinder,
 obwohl wir Euch erst vorgestern geschrieben haben, haben wir Veranlassung, Euch heute wieder Post zukommen zu lassen, erhielten wir doch gestern Abend Euren Brief vom 26. und die Karte vom 30. des vorigen Monats? Wie ihr Euch wohl denken könnt, haben wir uns natürlich erschreckt zu hören, dass die liebe Anni sich im Krankenhaus befindet. Aber Du (*gemeint ist Anni – E.B.*) hast selbstverständlich Recht, zum Arzt zu gehen, wenn Dein Husten zugenommen hatte. Du bist leider bei Witterungsänderungen doppelt empfindlich, und deshalb muss bei stärkerem Auftreten des Hustens demselben rechtzeitig entgegengewirkt werden.

Wie Du schreibst, ist die Sache glücklicherweise schon wieder etwas zurückgegangen und wir hoffen Dich bei Empfang dieser Zeilen wieder ziemlich auf der Höhe (zu wissen) und nicht mehr im Krankenhaus. Es beruhigt uns zu hören, dass der Dich behandelnde Arzt so tüchtig und so nett zu Dir ist.

Heute war ich wegen der Röntgenaufnahmen beim Gesundheitsamt in der Bürgerstraße, wo mir aber leider die Platten nicht ausgehändigt wurden. Man sagte mir, der Arzt dort möchte sich selbst an das Gesundheitsamt wenden. Man würde ihm dann das Nötige mitteilen. Soweit ich mich erinnere, bist Du zuerst in der Kinderklinik geröntgt worden. Später noch ein oder zweimal in Neu-Maria-Hilf, und ich meine, Du wärst auch in der medizinischen

Klinik geröntgt worden (Herbst 1935), als Du damals dort in Behandlung warst. Ich will übermorgen zu diesen drei Stellen gehen und sehen, ob ich dort etwas erreiche. Selbstverständlich geben wir Euch dann sofort Bescheid – Wir sind so froh, dass du, liebe Hilde, noch dort bist und unser Sorgenkind jetzt nicht alleine dasteht.

Du musst aber jetzt auf Dich achten, meine liebe Anni, Dich bei der jetzigen Kälte immer gut warm anziehen, Dich vor Zugluft schützen und möglichst wenig (nicht lesbar – E.B.). Werden denn nun Straussens alleine fertig? Oder haben sie eine Aushilfe, solange Du noch nicht wieder arbeiten kannst? Obgleich Du, liebe Anni, kürzlich schriebst, Hilde wohne noch mit Dir zusammen, schließe ich aus der Post der letzten Wochen, dass dieses wohl doch nicht an dem sei. Seid Ihr nun hoffentlich oft zusammen oder wohnt Ihr weit auseinander? Schreibt mir doch bitte bald über alles ausführlich.

Wenn Ihr auch schreibt (in Eurem gestrigen Brief), wir brauchen uns keine Sorgen zu machen, so könnt ihr Euch doch wohl denken, wie uns zumute ist. Indem ich Dir, liebe Anni, von ganzem Herzen baldigste Genesung wünsche, küsse und umarme ich Euch, meine guten Kinder unzählige Male und bitte Euch nochmals, gleich wieder zu schreiben.

Eure Euch stets liebende Mutter

Obwohl die liebe Mutter schon alles geschrieben hat, will ich doch noch einige Zeilen beifügen. Da Du, liebe Anni, nun doch einmal im Krankenhaus bist, kommt es auf einige Tage länger auch nicht an. Lass Dich also tüchtig auskurieren. Was verordnet Dir der Arzt? Gehst Du zurück zu Strauss? Heute Nachmittag hatten wir Besuch. Bertha Nagel, geborene Neuhaus, war bei uns mit ihrer Schwester Rosalie. Nun meine liebe Anni – von ganzem Herzen gute Besserung.

Innigst gegrüßt und geküsst von Eurem Euch von Herzen liebenden Papa

Göttingen, 21. 3. 42

Meine innigst geliebten Kinder!

es fällt mir schwer, Euch diesen Brief zu schreiben, aber es muss sein. Also, wenn nichts dazwischenkommt, was auch nicht ausgeschlossen ist, werden wir im Laufe dieser oder der nächsten Woche verreisen.[1] Es ist jetzt bei dem milden Wetter ja auch besser (zu) reisen als im Winter.

Liebe Hilde und Anni, lasst Euch von dieser Nachricht nicht zu sehr beeindrucken und gebt Euch nicht zu sehr dem Schmerze hin. Wir selbst sind gesund und voller Zuversicht.

Opa und Oma gehen ins hiesige Altersheim. Schreibt bitte weiter jede Woche den lieben Großeltern; Opa wird Euch immer antworten. Ihre Adresse ist:

Jüdisches Altersheim, Weender Landstr. 26.

Außerdem geben wir Euch anbei die Adresse von Tante Sara, der Ihr auch öfter schreiben könnt und die Euch auch antworten wird. Die Adresse ist:

Bärmann Rosenstein, Warburg in Westfalen (Altstadt).

Sobald als irgend möglich erhaltet Ihr wieder Nachricht von uns selbst. Schreibt aber Euren Absender an alle immer sehr deutlich.

Onkel Moritz und Leo und Familie sowie alle Bekannten bleiben mit uns zusammen.

Nun liebe, gute Kinder, bleibt Ihr für uns gesund und stark, wie wir es auch für Euch tun wollen.

Lebt wohl und denkt oft an uns, wie wir es jede Stunde an Euch tun werden. Seid innigst umarmt, gegrüßt und geküsst von Eurem Euch innig liebenden, treuen

Papa

N.S. die Lyssy Adler aus Cassel, Eure Cousine, hat ihrem Verlobten, Herrn Elias in Cassel, geschrieben. Wir hörten es von Tante Sara.

Wenn möglich, schreiben wir Euch Ende der Woche noch mal.

Meine heißgeliebten Kinder!

Es gibt heute für mich nicht mehr viel zu berichten; der liebe Papa hat Euch ja schon alles mitgeteilt, und was soll ich dem noch hinzufügen?

Vertraut auf Gott, wie wir es tun; vielleicht wendet sich noch alles zum Guten.

Ich habe noch alle Hände voll zu tun mit den Vorbereitungen zur Reise, weiß kaum, wo mir der Kopf steht. Es ist bereits gleich 12 Uhr und morgen früh müssen wir wieder zeitig auf, darum will schließen.

Lebt wohl, meine teuren, guten Kinder; bleibt gesund und denkt immer an uns, wie wir zu jeder Stunde Eurer gedenken; lasst Euch unzählige Male innigst umarmen und küssen

von Eurer sehr betrübten Mutter.

Sobald es uns irgend möglich ist, hört Ihr von uns.

Anmerkungen

1 Was hier als »Reise« bezeichnet wird, war die Deportation jüdischer Menschen aus Göttingen und Umgebung in das Warschauer Ghetto. Natürlich kannten sie das Ziel der Deportation nicht.

Die einen zerbrachen,
die anderen wurden stärker

In den Unterlagen meiner Mutter fand ich die zweite Seite des Durchschlags einer Erklärung, die von einem Max Lilienthal, Dr. Janssen und Herrn Hassenpflug gezeichnet war. Darin heißt es:

»Iwan Meyerstein, Moritz Meyerstein und Leopold Meyerstein sind im März 1942 mit dem ersten Transport von Göttingen nach Warschau in das Ghetto transportiert worden. Zu diesem Transport gehörten auch meine eigenen Angehörigen, Schwester, Schwager und Neffe. Von diesem ganzen Transport hat sich meines Wissens nie wieder jemand gemeldet. Alle Nachforschungen sind vergeblich gewesen. Es ist hier mit an Sicherheit grenzender Wahrscheinlichkeit anzunehmen, dass alle Angehörigen dieses Transportes und des Ghettos in Warschau bei den schweren Kämpfen um das Ghetto umgekommen oder später umgebracht worden sind.«

Als mir bewusst wurde, was es für meine Mutter bedeutet haben muss, 1947 unter die Deutschen zurückzukehren, und als ich begann zu begreifen, dass es alles andere als selbstverständlich war, ohne Hass auf Deutsche erzogen worden zu sein, fragte ich sie, wie sie es denn fertig gebracht habe, in diesem Land weiter zu leben.

Gut erinnere ich mich ihrer Antwort »Wenn die anglo-amerikanischen Bomberverbände über Belgien hinweg nach Deutschland flogen, war mir doch klar, dass sie dort ihre tödliche Last abwerfen würden und unter den Opfern auch Kinder und alte Menschen sein würden, die nur als unschuldig bezeichnet werden konnten. Es war mir egal. Ich wusste nicht, was aus meinen Eltern, den Großeltern und den anderen aus der Familie geworden ist. Ich wusste nur: Man hat sie abgeholt, und ich wollte nichts weiter, als dass das alles ein Ende habe. Wenn mich damals jemand gefragt hätte, ob ich je im Leben noch einmal Empathie für einen Deutschen empfinden würde, hätte ich sicher mit Nein geantwortet.

Als wir nach dem Kriegsende im Ruhrgebiet lebten« – mein Vater Ernst Harter arbeitete hauptamtlich für die KPD und brachte zunächst kaum Geld nach Hause – »hatten wir nur deshalb genug zu essen, weil meine Schwestern (*Irma und Anni – E. B.*) aus den USA Care-Pakete[1] schickten. Mit den Zigaretten und anderen US-Waren tauschte ich bei Bauern Lebensmittel ein. Eines Tages fuhr ich mit der Straßenbahn von Westerholt nach Herten und nahm Stullen aus meiner Brotbüchse. Mir gegenüber saßen zwei Jungen, die mit hungrigen Augen auf mein Essen schauten. Ich gab ihnen von meinem Brot und wusste in dem Moment, dass ich mit diesen Deutschen werde leben können.«

Jahrzehnte später – wir wohnten seit 1959 in Berlin und die DDR war bereits untergegangen – tobte wieder einmal die Debatte darüber, ob die Deutschen ein besonders unangenehmes Volk seien. Ich glaube, der Auslöser dieser Diskussion war Goldhagens Buch »Hitlers willige Vollstrecker«.

Meine Mutter war schon auf dem grausam-traurigen Weg in die Demenz. »Glaubst du auch«, fragte ich meine Mutter, »dass die Deutschen ein besonders schlimmes Volk sind?«

»Nein«, antwortete sie, »außer, wenn sie in Rudeln kommen.«

Oft, wenn ich heute solche Rudel sehe – im Namen irgendwelcher demagogischen Forderungen –, denke ich an ihre damaligen Worte und daran, dass das, was Menschen wie meine Eltern durchmachen mussten, die heutigen Generationen verpflichtet, nichts zu tolerieren, was auch nur im Entferntesten an Nazi-Ideologie erinnert. Mein Vater schrie bis an sein Lebensende im Schlaf, und immer im Gedächtnis bleiben wird mir, dass meine Mutter – schon schwer dement – sich manchmal bei Schritten auf der Treppe an mich klammerte. Sie führte den Finger an ihre Lippen und flüsterte: »Die Gestapo kommt. Pst.«

Als sie mit ihrer Schwester Anni in Antwerpen illegal in einer kleinen Bruchbude hauste und für einen Hungerlohn Zigaretten drehte, hing ein Strick am Fensterkreuz. »Für den Fall der Fälle«, erzählte sie mir. »Wäre die Gestapo gekommen, so hätten wir versucht, uns noch zum Hof abzuseilen«.

Meine Mutter war gemeinsam mit Herta Stuberg und Nelly in einer Dreiergruppe der deutsch-österreichischen Sektion im belgischen Widerstand aktiv. Alle drei waren Jüdinnen. Verantwortlich für ihre illegale Arbeit war Paul Stuberg, ein erfahrener deutscher Kommunist, der als Offizier der Internationalen Brigaden in Spanien gekämpft hatte. Vorher war er gemeinsam mit vielen Emigranten in Moskau im Hotel Lux. Ich war dabei, als er meinem Vater sagte: »Ich bekam den Auftrag, nach Spanien zu gehen und war erleichtert. Wenn ich dort sterben würde, so wäre es durch die Hand des Feindes.«

Mit den Stubergs verband meine Eltern eine tief geprüfte Freundschaft. Als meine Mutter nach Malines kam, hatten sie Herta Stuberg schon gefasst. Meine Mutter hatte Glück im Unglück. Als sie auf Grund der Denunziation des Judenfängers verhaftet wurde, wusste die Gestapo nicht, dass sie im Widerstand aktiv war; so blieb ihr die Folter erspart.

Anders erging es Herta. Die Gestapo kannte ihren Klarnamen nicht; die Schergen wussten nicht, wer sie war und schon gar nicht, dass sie nicht »nur« Widerstandskämpferin, sondern auch die Lebensgefährtin von Paul Stuberg war. Sie quälten sie und stellten immer wieder die Frage, ob sie Ferdinand – das war Pauls Deckname – und seine Sekretärin – das war sie selbst – kenne?

Herta blieb unter der Folter standhaft. Sie erfuhren nie, wen sie da gefangen hatten. Nelly war mit Abstand die Jüngste in der Dreiergruppe, ihre Mutter war bereits 1942 deportiert worden, wohl nach Auschwitz. Manchmal fiel in Gesprächen zwischen Herta und meiner Mutter Nellys Name und dass sie in Frankreich lebe.

Eines Tages, meine Mutter war bereits verstorben, klingelte das Telefon. Eine Frauenstimme meldete sich mit »Nelly« und erkundigte sich, ob ich mit diesem Namen etwas anzufangen wisse und fragte nach meiner Mutter. Nelly war, nachdem ihr Mann verstorben war, aus Frankreich zu ihrer Tochter nach Deutschland zurückgekehrt und wusste noch nichts vom Tod meiner Mutter.

Als ich ihr darüber berichtete, äußerte sie den Wunsch, dass ich sie besuchte. Sehr bald fuhr ich zu ihr.

Als sie mir öffnete, schaute sie mich mit größtem Erstaunen an. »Du siehst aus wie deine Mutter. Nur dass die blond war.«

Sie wusste wohl nicht oder hatte es vielleicht vergessen, dass meine Mutter ihre schwarzen Haare aus Gründen der Konspiration gefärbt hatte. Auf dem einzigen Foto, welches sie mit blonden Haaren zeigt, sieht sie aus wie eine Ufa-Schauspielerin.

Bertha Strauss schrieb aus Brüssel am 2. März 1946 an »mein liebes Fräulein Hilde«. »Nach den Bildern, die ich bei Ihrer Schwester von Ihnen sah, sehen Sie ja fabelhaft aus, noch schöner als vorher, mit dem blonden Haar; Sie haben ganz Recht, blond zu bleiben, da es Ihnen so gut steht.«

Meine Mutter blieb nicht blond. Und schwarz stand ihr sicher nicht minder gut – später half sie nach. Sie ergraute früh.

Beim Besuch erfuhr ich von Nelly in einem langen Gespräch eine weitere von diesen Millionen grauenhaften Geschichten.

Nelly war bis vor Kurzem der Überzeugung, ihre Mutter sei in Auschwitz vergast worden. Von einem Wissenschaftler war ihr mitgeteilt worden, es hätten sich Unterlagen angefunden, aus denen hervorging, dass ihre Mutter für medizinische Experimente »ausgewählt« worden war. Darf man – in Kenntnis dieses Verbrechens – einem Menschen wünschen, besser den schnelleren Tod im Gas gefunden zu haben?

Ich hatte Nelly so verstanden.

Und teilte dieses Verständnis. Hätte meine Mutter noch gelebt, ich hätte nicht gewollt, dass sie diese Geschichte erfahren würde.

Vor allem aber hätte ich ihr gewünscht, dass sie nie wieder Angst vor Faschisten haben müsste. Auch wenn sich ihre Demenz schon bemerkbar machte, war sie über die zunehmende, auch öffentliche Präsenz von Nazis in Deutschland entsetzt und wollte das nicht einfach hinnehmen.

Am 16. April 1997 schrieb meine Mutter einen Brief an den Berliner Innensenator Jörg Schönbohm (CDU):

Sehr geehrter Herr Innensenator,

ich bin eine alte Jüdin. Hätte mir nach 1945 jemand gesagt, in Deutschland dürften noch einmal Nazis auf der Straße demonstrieren, ich hätte es wohl kaum geglaubt. Sechs Millionen ermordeter Juden, darunter fast meine ganze Familie, reichen wohl noch nicht aus, um für alle Zeiten Nazis jede Öffentlichkeit zu nehmen? Verbieten Sie den Faschos die Straße!

Hochachtungsvoll

Brunhilde Harter

Folgende Antwort erhielt sie am 6. Mai 1997:

Sehr geehrte Frau Harter,

im Namen von Herrn Innensenator Schönbohm bestätige ich dankend den Eingang Ihres Schreibens vom 16. April 1997.

Der Senat von Berlin nimmt die Bedrohung durch den Rechtsextremismus nach wie vor sehr ernst und wird deshalb auch in Zukunft alle rechtlich und politisch gebotenen Mittel zu seiner wirk-

samen Bekämpfung einsetzen. Gerade die Jugend muss nachdrücklich auf die Bedrohung durch jedwede Spielart des politischen Extremismus hingewiesen werden. Wir können und dürfen nicht zulassen, dass Kinder und Jugendliche politischen Abenteurern und selbsternannten »Führern« folgen und damit sich selbst und der Gesellschaft schweren Schaden zufügen.

Die Verbote rechtsextremistischer Organisationen durch die Innenministerien von Bund und Ländern und nachhaltige Strafverfolgungsmaßnahmen der Polizei und der Justiz, aber auch offensive Aufklärungsarbeit, haben u. a. in Berlin dafür gesorgt, dass sich die Zahl der Straftaten mit erwiesenem oder zu vermutendem rechtsextremistischen Hintergrund verringert hat und die Mitgliederzahlen rechtsextremistischer Organisationen und Gruppen gesunken sind. Eine Entwarnung kann es jedoch nicht geben. Unsere freiheitliche Demokratie kann allerdings nicht allein von staatlichen Stellen geschützt und bewahrt werden. Die Sicherung des inneren Friedens ist vielmehr eine gesamtgesellschaftliche Aufgabe.

Die Bereitschaft aller Bürgerinnen und Bürger, sich mit unserer Verfassungsordnung zu identifizieren, an ihrer Bewahrung aktiv mitzuwirken und den Gegnern unseres Staatswesens entgegenzutreten, ist der beste und effektivste Schutz unserer freiheitlich demokratischen Grundordnung.

Das Grundrecht auf Versammlungsfreiheit besitzt in der Bundesrepublik Deutschland seit jeher einen hohen Stellenwert. Die Durchführung einer Versammlung ist nicht von der Genehmigung einer Behörde abhängig. Nach dem Versammlungsrecht besteht lediglich eine Verpflichtung zur Anmeldung einer Versammlung. Dementsprechend kann auch die Versammlungsbehörde nur prüfen, ob aus ihrer Sicht bei Durchführung der Versammlung eine unmittelbare Gefährdung für die öffentliche Sicherheit oder Ordnung besteht. Erst wenn das der Fall ist, kann die Versammlung verboten

werden oder es können Auflagen erteilt werden. Allein die Mutmaßung, dass es bei einer rechtsgerichteten Veranstaltung zur Verbreitung nationalsozialistischen Gedankengutes kommen kann, reicht hierfür nicht aus.
Mit freundlichen Grüßen
Im Auftrag
Sieg

Ich will diese Aneinanderreihung von verharmlosenden Phrasen nicht kommentieren. Der Nationalsozialistiscje Untergrund (NSU) hatte sich zu dieser Zeit bereits formiert, am 21. April 1997 wurde der spätere NSU-Mörder Uwe Böhnhardt wegen Volksverhetzung zu zwei Jahren und drei Monaten Jugendstrafe verurteilt, vor dem Antritt seiner Strafe tauchte er unter. Gegen die Verharmlosung faschistischer Bestrebungen haben meine Eltern Zeit ihres Lebens gekämpft.

Meine Eltern waren starke und trotz der schweren Jahre sehr lebensfrohe Menschen. Meine Mutter hatte diesen typisch jüdischen Humor, und beide waren von unbeschreiblicher menschlicher Wärme, ja Güte.

Mein Vater hatte mir einmal gesagt: »Die einen zerbrechen unter solchen Umständen, wie sie im KZ herrschten – bei manchen befördert das Grauen ihre miesesten Seiten – und bei anderen festigen sich ihre besten Eigenschaften.«

An diese Worte musste ich denken, als ich am 17. Juni 2020 völlig überraschend eine E-Mail aus Holland erhielt.

Anmerkungen

1 Care-Pakete (*Cooperative for American Remittances to Europe*) waren Nahrungsmittelprodukte, die nach dem Ende des Zweiten Weltkrieges im Rahmen von amerikanischen Hilfsprojekten nach Europa geschickt wurden.

Urlaub in den siebziger Jahren: die Eltern Ernst (1909-1995) und Hilde Harter (1910-1999)

Die Familie Harter ohne Vater. Die Mutter Christine, eine geborene Hubertscheck, brachte drei Töchter und vier Söhne zur Welt – Ernestine, Mia und Rosa sowie Franz, Ernst, Heinrich und Emil

Die Familie Harter in Altenessen mit Vater, einige Jahre später, während des Ersten Weltkrieges. Von links nach rechts: Rosa, Ernestine, Mutter Christine, Heinz, Franz, Vater Ernst und Ernst

Siegesgeheul in der faschistischen Lokalpresse am 6. Juni 1933: Unter den siebzig Verhafteten war der 28-jährige Franz Harter aus Westerholt, namentlich genannt auch sein vier Jahre jüngerer Bruder Ernst Harter. Franz, der Klempner, war Leiter des regionalen Roten Frontkämpferbundes (RFB), Sein Bruder, der Dachdecker Ernst Harter, war in der Internationalen Arbeiter-Hilfe (I.A.H.) und in der Roten Jungfront aktiv. Ernst konnte jedoch am 12. Mai 1933 in die Niederlande flüchten, arbeitete im illegalen Apparat der KPD im Bezirk Nord-West und wurde 1935 nach Belgien abgeschoben. Dort wurde er im Februar 1940 verhaftet. Er kam im Mai 1942 ins KZ Sachsenhausen, wo im Frühjahr 1940 bereits sein Bruder Franz ermordet worden war. 1944 kam Ernst Harter ins KZ Mauthausen, wo er befreit wurde

Ernst Harter, Aufnahme der Gestapo 1940

Ein reichliches Jahrzehnt später: Ernst Harter nach überstandener Haft in den Lagern Sachsenhausen und Mauthausen mit Tochter Ellen in Westerholt

Führerschein von 1948

Ernst Harter mit seinem Freund und Kampfgefährten Heinz Junge (oben Mitte)

Rechte Seite: 1958 bescheinigte die Republik Österreich, dass Ernst Harter ihr Staatsangehöriger ist

Familientreffen in den USA: Mutters Schwestern Anni und Irma mit ihren Männern sowie Cousin Micky Haas und Frau

REPUBLIK ÖSTERREICH

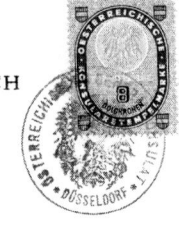

Zahl 864/12.708-A/58

Staatsbürgerschaftsnachweis

Vom Österreichischen General-Konsulat in   Düsseldorf
wird gemäß § 14 des Staatsbürgerschaftsgesetzes 1949 (BGBl. Nr. 276/1949) bescheinigt, daß

Herr Ernst Harter , Beruf   Dachdecker
Frau

wohnhaft in   Westerholt, Obringstr, 2

geboren am   17.7.1909   in   Altenessen

kraft*)   § 1 a St.Ü.G. 1949 (Heimatrechtsbescheinigung Zl. 745/Abt.I-48/Pö ausgestellt am 28.Mai 1948 vom Stadtmagistrat Salzburg)

die
besitzt. **Österreichische Staatsbürgerschaft**

Düsseldorf   , am   17.Juli   19 58

Der Generalkonsul:

*) Angabe des gesetzlichen Erwerbsgrundes!

St. Dr. Lager-Nr. 428. (Streng verrechenbar.) — Österreichische Staatsdruckerei, Verlag. 6613 58

Die Eltern mit Herta Stuberg (r.). Diese gehörte Mutters Dreiergruppe im belgischen Widerstand an und wurde – wie Hilde – 1944 verhaftet. Beide sahen sich im Lager Malines wieder, wo die Transporte für das Vernichtungslager Auschwitz zusammengestellt wurden. Die Zweite Front verhinderte die Deportation. Aufnahme aus den siebziger Jahren

Heinz Junge (links) und Ernst Harter mit Freunden.
Unten: *Vaters am 27. Oktober 1960 ausgestelltes Dokument, das ihn als Verfolgten des Naziregimes (VdN) auswies*

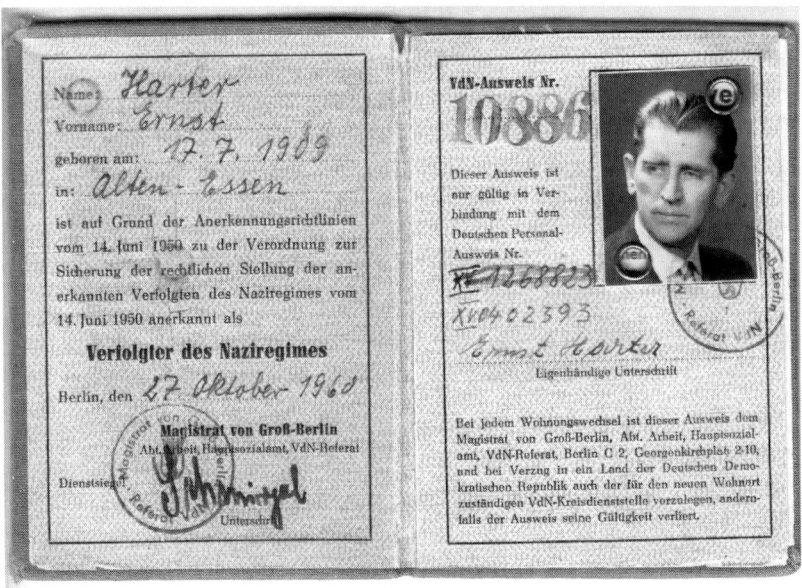

Konzentrationslager Sachsenhausen
Oranienburg bei Berlin

Auszug aus der Lagerordnung:
Jeder Häftling darf im Monat 2 Briefe oder 2 Postkarten empfangen und auch absenden. Ein Brief darf nicht mehr als 4 Seiten à 15 Zeilen enthalten und muß übersichtlich und gut lesbar sein. Postsendungen die diesen Anforderungen nicht entsprechen, werden nicht zugestellt bzw. befördert. Pakete jeglichen Inhalts dürfen nicht empfangen werden. Geldsendungen sind zulässig, sie müssen aber durch Postanweisung erfolgen; Geldeinlagen im Brief sind verboten. Mitteilungen auf den Postanweisungsabschnitten sind verboten; Annahme wird sonst verweigert. Es kann im Lager alles gekauft werden. Nationalsozialistische Zeitungen sind zugelassen, müssen aber von dem Häftling selbst über die Poststelle des Konzentrationslagers bestellt werden. Unübersichtliche und schlecht lesbare Briefe können nicht zensiert werden und werden vernichtet. Die Zusendung von Bildern und Fotos ist verboten.
Der Lagerkommandant.

Meine genaue Anschrift:
Schutzhäftling
Franz Harter
Nr. 317 Block 5
Oranienburg
Konzentrationslager bei Berlin

Frau
Ernestine Schmalfuß

Westerholt in Westf.
Talstr. 12

---

31. 3. 1940

Liebe Tini!

Du erwartest gewiß einen umfangreichen Brief, doch es ist diesmal nur eine Karte. Mach dir nichts draus, begnüge dich bitte damit, später einmal schreibe ich dir wieder einen ausführlichen Brief. Die Häftl. u. Blocknr. gehört mit zur Adr., daß also nicht wieder vergessen werden.

Grüße Franz.

Franz Harter an die Schwester aus dem KZ, 31. März 1940

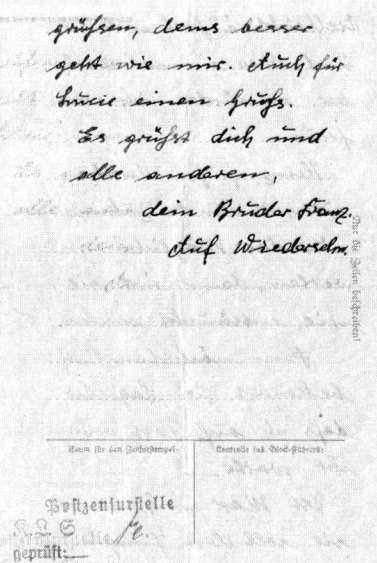
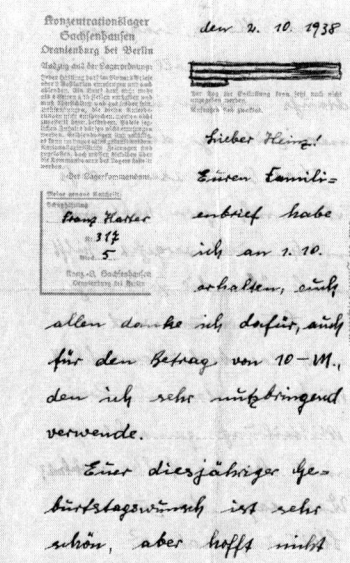

Schreiben Franz Harters an Bruder Heinz, 2. Oktober 1938

Familie

Ernst Harter

Westerholt b/Recklinghausen
Talstr. Nr. 12

Brief von Ernst Harter aus dem KZ Sachsenhausen, adressiert an den Vater Ernst Harter in Westerholt, am 7. Juni 1942 geschrieben, abgestempelt nach erfolgter Zensur am 13. Juni

**Konzentrationslager
Sachsenhausen**
Oranienburg bei Berlin

den 7. Juni 1942

Der Tag der Entlassung kann jetzt noch nicht angegeben werden. Besuche im Lager sind verboten. Anfragen sind zwecklos.

Auszug aus der Lagerordnung:

Jeder Häftling darf im Monat 2 Briefe oder Postkarten empfangen und absenden. Eingehende Briefe dürfen nicht mehr als 4 Seiten á 15 Zeilen enthalten und müssen übersichtlich und gut lesbar sein. Pakete jeglichen Inhalts sind verboten. Geldsendungen sind nur durch Postanweisung zulässig, deren Abschnitt nur Vor-, Zuname, Geburtstag, Häftlingsnummer trägt, jedoch keinerlei Mitteilungen. Geld, Fotos und Bildereinlagen in Briefen sind verboten. Die Annahme von Postsendungen, die den gestellten Anforderungen nicht entsprechen, wird verweigert. Unübersichtliche, schlecht lesbare Briefe werden vernichtet. Im Lager kann alles gekauft werden. Nationalsozialistische Zeitungen sind zugelassen, müssen aber vom Häftling selbst im Konzentrationslager bestellt werden.

Der Lagerkommandant.

Meine Lieben. Nehmt bitte meinen innigsten Dank für euren lieben Brief, sowie dem Päck'chen. Es freut einem, wieder zu wissen, daß es zuhause noch beim alten ist. Vorallem daß es der Mutter gut geht, sie rans geht, auch bei den Gartenarbeiten hilft. Für mich bedeutet es, daß Mutter mit der ihr gewohnten Zähigkeit, auf uns alle wartet. Daß Heini und Ernst da draussen noch am Damm sind, freut mich. Ihr drei in Hamburg wartet die Tage des Zusammenseins. Auf den kl. achtet, denn Gregor wird sicher gleich mit dem Hamburger Platt fertig. Wünsche Euch alles Gute, mit Grüßen E.

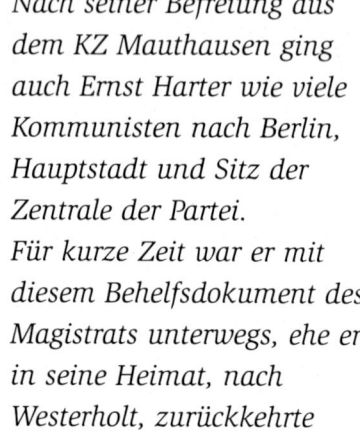

Nach seiner Befreiung aus dem KZ Mauthausen ging auch Ernst Harter wie viele Kommunisten nach Berlin, Hauptstadt und Sitz der Zentrale der Partei.
Für kurze Zeit war er mit diesem Behelfsdokument des Magistrats unterwegs, ehe er in seine Heimat, nach Westerholt, zurückkehrte

Bis ins hohe Alter trat der Antifaschist Ernst Harter, der die Lager Sachsenhausen und Mauthausen überlebt hatte, auf Foren und politischen Veranstaltungen in der DDR auf

Ernst und Hilde Harter, in der Mitte Marianne Konze, bei einem Spaziergang in Berlin in den achtziger Jahren .
Mariannes Mann Robert, ein Bergarbeiter, war wie viele westdeutsche Kommunisten in den fünfziger Jahren inhaftiert. Sie, eine ehemalige Verkäuferin, und ihr 2020 verstorbener Mann arbeiteten nach Gründung der DKP hauptamtlich für die Partei. Marianne Konze war viele Jahre Vorsitzende der Frauenkommission der DKP

Mein Vater Ernst Harter und die Solidarität

Sehr geehrte Frau Brombacher,
 Ich heiße Mischa Lemaire aus den Niederlanden. Ich schreibe Ihnen, dass ich kürzlich damit begonnen habe, das Buch meines Großvaters Jan Lemaire Jr. zu digitalisieren. Er hat über seine Inhaftierung in Sachsenhausen[1] geschrieben. Mein Opa hat dieses Buch nie veröffentlicht. Mein Cousin und ich wollen das jetzt machen. Mein Vater ist seitdem gestorben. Aber er wurde nach jemandem benannt, dem mein Großvater in Oranienburg1 sehr nahe stand. Beim Lesen und Verarbeiten des Buches bin ich auf den Nachnamen Ihres Vaters gestoßen. Als Kind hörte ich immer die Geschichte, dass mein Vater nach einem »guten Deutschen aus dem Lager« benannt wurde. Der Name meines Vaters war Ernst, nach Ihrem Vater. Ich weiß nicht, ob Du das weißt, war das Deinem Vater bekannt? Das Lesen des Nachnamens Ihres Vaters hat mich bewegt und deshalb (habe ich) beschlossen, Ihnen sofort eine E-Mail zu senden.
 Ich kann kein Deutsch schreiben, ich kann ein wenig sprechen. Also habe ich Google Übersetzer für diese Mail verwendet.
 Mit freundlichen Grüßen Mischa

Ich antwortete.

Lieber Mischa Lemaire,
 vielen Dank für Ihre E-Mail, die mich zu Tränen gerührt hat. Ich weiß nicht, ob mein Vater davon wusste, dass Ihr Vater nach

ihm benannt wurde. Vielleicht hätte er das nicht einmal erzählt, weil er ebenso bescheiden wie gütig war.

Ich habe Freunde im Ruhrgebiet. Wenn ich mal wieder dort bin, melde ich mich. Von dort ist es ja nicht weit bis Holland. [...]
  Mit herzlichen, solidarischen Grüßen
  Ellen Brombacher

Liebe Frau Brombacher, liebe Ellen,
  vielen Dank für Ihre freundliche Antwort, es ist alles etwas ganz Besonderes. Mein Opa war vor und während des Krieges ein bekannter niederländischer Bühnenschauspieler und aktiver Kommunist. Er wurde 1941 wegen seiner Arbeit im Widerstand verhaftet. Zuerst wurde er in Amsterdam eingesperrt, später einige Monate im Camp Amersfoort², und Anfang 1942 kam er in Sachsenhausen an.

  Im Dezember 1946 hatte er einen dritten Sohn, meinen Vater. Er hat ein Buch geschrieben, als er in zwei Wochen beschäftigt war, um alles einen Platz zu geben. Er las zweimal öffentlich davon, konnte aber nicht damit umgehen. Und legte das Buch weg. Er starb schließlich im Februar 1960 an einer im Lager zugezogenen Krankheit.

  Ich bin immer noch damit beschäftigt, das Buch von handschriftlich in digital umzuwandeln, aber ich habe zwei Stücke für Sie übersetzt. Das erste ist über das erste Treffen zwischen Deinem Vater und meinem Opa. Und der zweite Teil über die Freundschaft und das Bowling, die Opa für Ihren Vater hatte.

  Ich hoffe, Google übersetzt alles ein bisschen gut?

Treffen mit Ernst Harter

Wenn ich auf dem B-Flügel bin und auf einer Leiter stehe, sagt eine freundliche Stimme unter mir: »Geht es dir gut?«
»Ja.« Ich schaue in ein paar freundliche Augen.
»Lust auf Zwieback mit Tee?« Er fragt in gebrochenem Niederländisch.
»Nun ... bitte. Aber warum sprichst du Niederländisch?«, sage ich, als ich die Sprossen runter gehe.
»Ich war ein Auswanderer in Amsterdam und Antwerpen.«
»Das ist verdammt schön«, sage ich begeistert.
Während er die Kekse verteilt, reden wir über alle möglichen Dinge. Dieser junge Mann namens Ernst Harter erzählt mir, dass er seit Jahren unterwegs ist. Er kommt aus dem Ruhrgebiet und floh 33 nach Holland. Lebte dort mehrere Jahre, dann nach Antwerpen. Dann zurück in seine Heimat, um seine revolutionäre Arbeit weiter auszubauen, gefangen genommen, hier und da auf Transport, und schließlich nach Sachsenhausen. Er sagt mir das sehr leise, als wenn es das Normalste auf der Welt ist, ohne Heldentum, einfach weg. Nun, so war es damals mit Tausenden von Deutschen, und es gibt immer noch Verhaftete, nicht wahr? Es ist also nicht so außergewöhnlich. Er kam aus der kommunistischen Jugendbewegung, war an der Spitze, und keine Division ist von dieser Division übrig geblieben. Immerhin wussten sie das.
»Jetzt arbeite ich hier in der Schreibstube und bin hier ein bisschen wie ein Stubenältester. Wo arbeitest du? Speer, das ist also kein schlechter Befehl? Wir müssen dich da rausholen, ich werde mit unseren Jungs darüber reden, sie können etwas dagegen tun.«
Im Verlauf des Gesprächs wird deutlich, dass wir in Amsterdam viele Freunde hatten, die auch meine Freunde waren, und wir sind dumm überrascht, dass wir uns noch nie getroffen haben. »Na

dann warst du da gut versteckt«, sage ich lachend. »Ja, oh Amsterdam, wundervolle Stadt und wunderschöne Kameraden. Sie kennen eine so große Solidarität, selbst die Arbeitslosen, wo ich früher war und die jede Woche ihr Taschengeld gaben. Und ich musste Jan akzeptieren, nein, das werde ich nie vergessen, aber wir werden manchmal darüber reden. Bist du am Sonntag frei, ja – dann komm mit uns, es gibt noch mehr Kameraden, die in Holland waren, wir haben einen kleinen Kreis, der dir vielleicht Spaß machen könnte. Einverstanden. Bis heute Abend, muss ich jetzt gehen.«

Er geht, ich beobachte ihn, ich merke gleichzeitig, dass etwas von Freude in mich eingedrungen ist, etwas, das ich überhaupt nicht weiß. Ich habe entdeckt, dass es Leute gibt, die so herumlaufen. Ernst, unberührt, menschlich, freundlich, vornehm. Sein Händedruck ist kraftvoll und gleichzeitig spürbar warm. Ich habe bemerkt, dass sein Blick offen ist. Ich weiß noch nichts über ihn, aber ein tiefes Mitgefühl lebt bereits in mir. Mit einem guten Gefühl klettere ich wieder auf meine Leiter und singe, schwinge die Bürste und das Fett.

Mischa kommentiert weiter: »Es gibt viele Gespräche mit Ihrem Vater in dem Buch. Später in seinem Buch schreibt er: Meine Freundschaft mit Ernst hat sich zu einer tiefen Kameradschaft entwickelt. Er hilft mir bei allem. Mit Kleidung, mit Schuhen und vor allem mit Essen. Er bringt mir immer Brot, er gibt mir immer wertvolle Dinge aus seinem Paket[3] und wir sitzen immer zusammen und reden über die Zukunft. Es ist eine Freude, ihm zuzuhören. Ich habe noch nie in meinem Leben einen solchen Menschen gesehen. Er ist für alle bereit, unabhängig von der Gefahr. Aber auch Rudi, Willy, Heinz und Fritz sind wertvolle Freunde, echte Freunde. Später werde ich nur erkennen, was es für mich war, unter diesen Kameraden falsch gelegen zu haben. Ich werde ihnen auch immer dankbar sein und mein Glaube an sie ist unzerstörbar.«

Nach dieser Mail schrieb ich Mischa einiges über meine Familie und endete mit den Worten: »Jetzt weißt Du etwas mehr über uns und ich werde bis zum Ende glücklich darüber sein, dass mein Vater ein guter Deutscher war; meine Mutter genau genommen auch.«

Mein Vater äußerte sich in einem Interview[4], welches Heinz Junge im Mai 1985 mit ihm führte, voller Dankbarkeit über die Solidarität vieler holländischer Menschen mit den aus Hitlerdeutschland vertriebenen Antifaschisten. So berichtete er:

»Ich erhielt damals ein Quartier bei einem erwerbslosen holländischen Genossen. Auch Fritz fand zunächst Unterkunft bei einem erwerbslosen holländischen Genossen, dessen Frau halbtags arbeiten ging, bei einem Familienstand von 5 Personen. In unseren ersten Quartieren konnten wir nur kurz bleiben. Wir haben dann – nach einigen Zwischenstationen in den darauffolgenden Wochen und Monaten – bei einem Amsterdamer Arbeiter Quartier bekommen. Nie werde ich die Namen vergessen: Gerriet und Stien Balk auf der Marningskade, im Jordan. Diese beiden haben vom Sommer 1933 bis zum Ausbruch des Krieges immer einen deutschen Genossen bei sich untergebracht. Sie haben neben der Versorgung, die wir bei ihnen erhielten, auf dem Dachboden den Verschlag zu einem Zimmer ausgebaut. Das war notdürftig eingerichtet, und da haben wir beide, Fritz und ich, bis in das Jahr 1934 hinein gewohnt. Später waren wir in der Marningskade in einem Haus in städtischem Besitz untergebracht; denn Gerriet Balk war ein städtischer Arbeiter, ein Metallarbeiter. In dem Haus lebten insgesamt 9 Familien, und Gerriet war der einzige Kommunist. Da wohnten Katholiken, da wohnten Parteilose. Und obwohl mit der Zeit alle diese Familien wussten, wer wir sind, Fritz und ich, ist das Quartier nie bekanntgeworden. So haben diese Menschen zu uns gestanden und sie haben auch fortan Solidarität mit uns geübt.

Nach 1945 habe ich erfahren, dass bis zum Beginn des Krieges in jenem Zimmer immer ein deutscher Emigrant gelebt hat.«
Mein Vater hat Solidarität empfangen und gegeben.

Ein weiteres Zeugnis über solidarisches Verhalten von Kommunisten im KZ, darunter mein Vater, stammt von Hans Frick. Er schrieb am 14. Dezember 1957 an A. N. Simmedinger in Frankfurt am Main: »*Soeben las ich in der Tat[5] die Mitteilung, wonach alle Kameraden von Sachsenhausen aufgefordert werden, ihre Adressen an das Komitee mitzuteilen. [...] Sollte der Kamerad Harter vom Ausschuss der Harter, Ernst von der Schreibstube sein (eng befreundet mit Wiesner, Otto[6], dem Blockältesten Schorsch und den Kassler Kameraden), so entbiete ich ihm besonders herzliche Grüße, da die obigen Kameraden nebst Otto Watzner und den Spanienkämpfern durch ihre Solidarität dazu beitrugen, mein Leben zu erhalten.«*

Anmerkungen

1 Oranienburg ist, wie Sachsenhausen, die jeweilige Kurzbezeichnung des von den Nazis verwendeten Begriffs »Konzentrationslager Sachsenhausen, Oranienburg bei Berlin«
2 Am 18. August 1941 wurde von den deutschen Besatzern das Durchgangslager Amersfoort eingerichtet. Viele Gefangene wurden weiter in das KZ Mauthausen in Österreich, in die Arbeitserziehungslager nach Essen zu den Hermann-Göring-Werken und in andere KZs nach Deutschland weiter transportiert.
3 Als der Krieg gegen die Sowjetunion gewaltige Ressourcen zu fressen begann und zunehmend Häftlinge und Zwangsarbeiter als Arbeitskräfte in der deutschen Wirtschaft benötigt wurden, gab es – vermutlich nicht in Auschwitz oder Sobibor – aber auf jeden Fall in Sachsenhausen Festlegungen seitens der SS-Führung, mit den Häftlingen als Arbeitskräfte »schonender« umzugehen. Dazu gehörte die Möglichkeit begrenzter kultureller und sportlicher Aktivitäten und dazu gehörte eben auch, normiert Pakete zu empfangen. Das betraf, durch die normative Kraft des Faktischen, die deutschen, west-

europäischen und skandinavischen Gefangenen. Dass z.B. Sowjetbürger, Polen oder Griechen nicht in den »Genuss« solcher Pakete kamen, ergab sich aus der besonders grausamen Kriegsführung der Faschisten in deren Heimatländern.
4 Mein Vater wurde durch seinen zeitlebens besten Freund und Mitgefangenen Heinz Junge per Band interviewt. Davon existiert eine Abschrift, die in Teilen von mir redigiert wurde. Das Interview befindet sich in meinem Besitz und wurde ansonsten nie veröffentlicht.
5 Zeitung der Westdeutschen VVN
6 Kommunistischer Häftling, in Sachsenhausen in der Schreibstube, 1944 deportiert nach Mauthausen, in der DDR Parteifunktionär

Vater war Häftling Nr. 41995 im KZ Sachsenhausen

Mein Vater wurde am 17. Juli 1909 in Altenessen geboren. Seine Eltern – Ernst und Christine Harter – kamen zu Beginn des 20. Jahrhunderts aus Österreich ins Ruhrgebiet. Hier fand mein Opa im Bergbau Arbeit. Meine Großeltern planten nach Österreich zurückkehren, sobald sie genug Geld verdient hatten. Sie blieben jedoch in Westerholt, denn sie verdienten nie genug, um etwas beiseite legen zu können.

Die Harters hatten sieben Kinder: drei Mädchen (Ernestine, Mia und Rosa) und vier Jungen (Ernst, Franz, Heinrich und Emil). Mein Vater besuchte die katholische Acht-Klassen-Schule. 1915 wurde sein Vater, mein Opa, zum Kriegsdienst eingezogen. Mein Vater vergaß nie, wie sie sich als Kinder an Vaters Rockschößen festklammerten, als er sie verlassen musste.

Seine Frau, meine Oma, gerade erst dreißig Jahre alt, musste unter den furchtbaren Kriegsbedingungen mit den Kindern allein fertig werden. Die Familie hungerte sehr. Mein Vater verglich später diesen Hunger immer mit dem Hungergefühl, unter dem er später häufig im Konzentrationslager litt. 1920 lagen die Löhne 50 Prozent unter den Lebenshaltungskosten. Miete, Lebensmittel und alles, was eine neunköpfige Familie zum Leben brauchte, war fast unerschwinglich. Hinzu kam, dass das Geld stetig seinen Wert verlor, die Arbeitslosigkeit stieg. 1923 waren viele Zechen und Betriebe geschlossen. Es kam zu Arbeiteraufständen gegen die Ruhrgebietsbesetzung durch die Franzosen, gegen die Ausbeutung und den

Hunger. Die Streiks wurden von der KPD unterstützt. Mein Vater hatte Glück. Er konnte das Dachdeckerhandwerk erlernen. Mit seinem kleinen Verdienst unterstützte er die Familie. Für ihn war sein großer Bruder Franz ein Vorbild. Wie dieser wurde auch er Jungkommunist.

1933 flüchtete mein Vater mit 24 Jahren in die Emigration. Von Holland und Belgien aus leistete er illegal politische Arbeit für die KPD. Mehrfach reiste er dazu ins faschistische Deutschland. Kurz vor dem Einmarsch der deutschen Wehrmacht in Belgien im Mai 1940 (»Fall Gelb«) wurde mein Vater im Zusammenhang mit seinem antifaschistisch-politischen Engagement verhaftet und verurteilt – wegen sogenannten Missbrauchs des Asylrechts.

In Gestapo-Akten[1] heißt es über ihn:

»Er wechselte häufig seine Wohnung, bis er im Februar 1940 einen Ausweisungsbefehl erhielt, durch den er ersucht wurde, innerhalb von acht Tagen Belgien zu verlassen. Da er diesem Ausweisungsbefehl nicht nachkommen wollte, hat er sich nach Ablauf der acht Tage der Polizei gestellt. Er wurde in das Gefängnis in Antwerpen überführt und nach vier Wochen nach Brüssel ins Gefängnis St. Gilles gebracht. Hier verbüßte er eine Gefängnisstrafe von sieben Monaten, die er wegen illegalen Aufenthalts in Belgien erhalten hatte.«

Nach der Besetzung Belgiens[2] durch faschistische deutsche Truppen wurde mein Vater aus dem Gefängnis St. Gilles am 5. Juni 1940 von der Geheimen Feldpolizei übernommen und nach Deutschland überführt.

Aus der Gefängniszelle der belgischen Gendarmerie habe er den preußischen Marschtritt der faschistischen Wehrmacht vernommen. In jenem Moment habe er geglaubt, das sei das Ende – so beschrieb mir mein Vater seine damaligen Gefühle. Die Gestapo bot meinem Vater während eines Verhörs die Freilassung an, wenn er für die Wehrmacht in Belgien Dienst leisten würde. Dies lehnte er ab.

Daraufhin wurde er am 5. Juni 1940 in die Gestapo-Haft nach Münster, so heißt es weiter in den Akten, »überstellt. Am 27. September 1940 wurde er wegen Vorbereitung zum Hochverrat dem Amtsgericht vorgeführt, welches Haftbefehl gegen ihn erlassen hatte. Das Strafverfahren ist beim Volksgerichtshof in Berlin 9 J 284/40 anhängig.«[3]

Aus dem Durchschlag der Akte N 7 1-2 8354 geht hervor, dass er in Hamm am 22. Juli 1941 zu einem Jahr und neun Monaten Haft verurteilt wurde. Auf die Strafe wurden ein Jahr und eineinhalb Monate Untersuchungshaft angerechnet. Danach wurde Ernst Harter 1942 als sogenannter Schutzhäftling in das Konzentrationslager Sachsenhausen verbracht. Am 1. Mai 1942 kam er dort an, erhielt die Häftlingsnummer 41995 und wurde im Block 374, später im Block 585, untergebracht.

Bei seiner Ankunft wurde er von einem überraschten KZ-Häftling angesprochen. »Franz, ich denk, du bist tot!«

Durch diese Verwechslung erfuhr mein Vater, dass sein Bruder Franz im Lager Sachsenhausen an den Folgen brutalster Misshandlungen gestorben war. Fast zur gleichen Zeit erlag sein Vater einem Magenkrebsleiden.

Später fand Ernst Harter in der Schreibstube die Eintragung über den Tod seines Bruders. Darüber berichtete mir Lore Junge nach dem Tod ihres Mannes Heinz. Dieser hatte eine von ihm unterschriebene Notiz hinterlassen:

»Im Februar 1943 kam ich in die Häftlingsschreibstube (damals Block 7). Jeder Kamerad musste in der Schreibstube zunächst an der Kartei arbeiten. Es gab drei Abteilungen. Die mittlere von K bis Q, an der ich saß, gegenüber dem Hamburger Willi Müller, der A bis J bearbeitete.

Ernst Harter war noch in der ›Statistik‹ und saß hinter mir. Eines Tages zog er eine Schublade auf und holte die Karteikarte seines Bruders heraus. Zu diesem Zeitpunkt wusste ich noch nicht, was die Bezeichnungen unten rechts, schräg geschrieben, bedeuteten. Bei Franz stand dort: ›Von der Lagerstärke abgesetzt‹ dick unterstrichen. Später musste ich bei zahlreichen (Karteikarten), laut der Totenmeldung, diese Bemerkung auch machen, bevor die Karteikarte von der ›Lebenden-Kartei‹ (die weit oben lag) in die ›Toten-Kartei‹ in die Schubfächer gelegt wurde. *Von der Lagerstärke abgesetzt* bedeutete: Auf Befehl der Lagerführung erschossen.«

Bevor mein Vater in die Häftlingsschreibstube gekommen war, hatte er als Dachdecker in einem Baukommando gearbeitet. Über seinen Wechsel in die Schreibstube berichtete er im bereits erwähnten Interview, welches Heinz Junge mit ihm führte.

»*Nach einem Abendappell, irgendwann im Winter 1942/43, trat Genosse Ludger Zöllikofer[6] an mich heran. [...] An jenem Abend sagte mir Ludger Zöllikofer, die Partei erachte es für notwendig, dass ich mein Baukommando mit dem der Häftlingsschreibstube vertausche. Ich hatte meine Befürchtungen, so z. B., dass ich noch nie mit administrativen Tätigkeiten in Berührung gekommen war. Mit großer Überzeugungskraft verdeutlichte mir Genosse Zöllikofer, wie notwendig es sei, die begrenzten Möglichkeiten der politischen Massenarbeit im Lager voll auszuschöpfen.*

Politische Massenarbeit war gleichbedeutend mit einer Vielzahl von Solidaritätsaktionen zur Rettung des Lebens der Häftlinge. Bedingung hierfür war, so viele wichtige Funktionen wie möglich mit politischen Häftlingen zu besetzen. All das erklärte mir Ludger Zöllikofer, versprach mir die Hilfe der Partei und unterließ zugleich nicht, mich auf die Risiken aufmerksam zu machen, die mit der Ausübung einer solchen Funktion verbunden waren. Es sei möglich, so sagte er, dass Zwangsablösung und Deportierung in ein anderes

KZ unter verschärften Haftbedingungen Folge einer solchen Tätigkeit sein könnte.«

Später wurden mein Vater und sein lebenslang bester Freund Heinz Junge von Max Reimann[7] im Auftrag der illegalen Lagerleitung aufgefordert, in der Schreibstufe eine illegale Leitung von drei bis vier Mann zu bilden.[8]

1943/44 gehörte Ernst Harter gemeinsam mit Max Reimann, Horst Sindermann[9] und weiteren Genossen[10] dem geheimen Führungskollektiv im Lager Sachsenhausen an.

Sehr bald fand die Gestapo heraus, dass es im Lager eine – vor allem von Kommunisten organisierte – Solidaritätsstruktur gab. Die illegalen Strukturen dienten der Erleichterung der Haftbedingungen aller Häftlinge, insbesondere der sowjetischen Kriegsgefangenen. Die Solidarität trug dazu bei, Moral und Physis und den Mut zum Widerstand zu stärken.

Mitte September 1944 wurde mein Vater innerhalb des Lagers verhaftet, weil die SS glaubte, dass er der Kopf der illegalen Leitung in der Schreibstube sei. (Dies war zwar mal beabsichtigt gewesen. Jedoch wurde Heinz Junge aufgrund seiner langjährigen politischen Erfahrungen dazu ernannt.)

Mein Vater wurde mit dem Gummiknüppel geschlagen und verhört. Er kam in den Block 58, dem Isolierblock für Häftlinge.[11]

27 führende Genossen wurden in diesem Zusammenhang am 11. Oktober 1944 erschossen.[12]

Weitere 107 deutsche politische Häftlinge, unter ihnen mein Vater[13], wurden am 20. Oktober 1944 ins KZ Mauthausen überführt. Sie erhielten einen roten Punkt auf ihre Kleidung. Das war gleichbedeutend mit *Rückkehr unerwünscht* (RU).

Mein Vater überlebte das Vernichtungslager, welches im Frühjahr 1945 von amerikanischen Truppen befreit wurde.

Anmerkungen

1 Ernst Harter, Akte N 7 1-2 8354
2 Im Mai 1940 wurde Belgien (wie auch die Niederlande und Luxemburg) von der Wehrmacht auf dem sogenannten Westfeldzug okkupiert.
3 Schreiben der Gestapo Münster an die Gestapo Düsseldorf vom 19. Februar 1941
4 Erfassungsbogen der Effektenkammer des KZ-Sachsenhausen, Archiv Sachsenhausen: R 211, M 40
5 Eidesstattliche Erklärung von Ernst Harter, Archiv Sachsenhausen: R 56/36
6 Mehr über Ludger Zöllikofer siehe Broschüre Sachsenhausen. Stärker als der Tod. Nr. 4, Herausgegeben von der Nationalen Mahn-und Gedenkstätte Sachsenhausen, Oranienburg 1987
7 Max Reimann (1898-1977) war KPD-Vorsitzender nach 1945 und langjähriger Ehrenvorsitzender der DKP
8 Heinz Junge (1914-2004) am 11. November 1997 im Rahmen einer Veranstaltung der antifaschistischen Kreiskoordination im Bürgerhaus Herten-Süd
9 Horst Sindermann (1915-1990) war Mitglied des Politbüros der SED und DDR-Ministerpräsident von 1973 bis 1976
10 Mitteilungsblatt der ehemaligen Häftlinge des KZ Sachsenhausen, Nr. 100, Jan./Feb. 1984
11 Heinz Junge: Periode der Sonderkommission – Ende 1943-1944, Manuskript
12 *https://www.sachsenhausenkomitee-brd.de/aus-unserer-arbeit/denkmal-für-die-27/*
13 Transportliste der am 20. Oktober 1944 aus dem KZ Sachsenhausen in das KZ Mauthausen überstellten Häftlinge, Archiv Sachsenhausen: XV/8

Ernst Harters Bericht aus dem KZ Mauthausen

Mauthausen (Bericht aus privatem Nachlass I)

In der letzten Oktoberwoche des Jahres 1944 kam unser Transport, wir waren 107 politische Häftlinge aus Sachsenhausen, in Mauthausen an. Die Fahrt dahin war in einem geschlossenen Viehwagen erfolgt und hatte einige Tage und Nächte gedauert. Wir waren völlig erschöpft.

Mit diesem Transport kam auch Emanuel Kuhnke, ein »asozialer« Häftling, der in Sachsenhausen Lagerältester und gleichzeitig Spitzel einer Sonderkommission des Reichssicherheitshauptamtes gewesen war. Die Lagerführung hatte gegenüber der Sonderkommission durchgesetzt, dass Kuhnke mit dem Transport nach Mauthausen abgeschoben wird.

In Mauthausen angelangt wussten wir nicht, was geschehen würde. Stundenlang standen wir auf den Abstellgleisen. Um unsere Aufregung zu überwinden, sangen wir einige unserer Lagerlieder. Spät abends kam die SS mit einigen Hunden. Sie zwang uns, den beschwerlichen Weg ins Lager gehetzt zurückzulegen. Es war ein Spießrutenlaufen. Dennoch waren alle bemüht, keinen zurückzulassen. Aus dieser Verhaltensweise war schon ersichtlich, dass es sich um politische Häftlinge handelte.

Im Lager angekommen, ließ man uns die ganze Nacht an der Mauer vor dem Bad stehen. Ab und zu erschien ein SS-Mann oder auch ein »Berufsverbrecher«, der wissen wollte, woher wir kamen, wer wir sind und warum wir nach Mauthausen transportiert wurden. So standen wir bis nach dem Frühappell. Dann erfolgte die erste »Begegnung« mit der Lagerführung, unter der sich auch Ziereis, der Lagerkommandant, befand. Er fragte: »Was ist denn mit Euch los? Alles Rote. Wie kommt Ihr denn nach Mauthausen?«

Ein Genosse (ich glaube, es war Horst Sindermann) zeigte auf den Spitzel Kuhnke und sagte: »Der weiß, warum wir hier sind. Ihm haben wir das zu verdanken.«

Daraufhin fragte Ziereis Kuhnke nach dem konkreten Sachverhalt. Kuhnke antwortete: »Mir ist es von der Lagerkommission untersagt worden, diesbezügliche Auskünfte zu geben.« Daraufhin schlug ihm Ziereis mit der Bemerkung »Hier kennen wir keine Sonderkommission« die Faust ins Gesicht und drohte ihm 25 Schläge auf dem Bock an.

Kuhnke wurde von der Gruppe entfernt, und anschließend sagte Ziereis sinngemäß folgendes: »Hier in Mauthausen brauchen wir keine Sonderkommission. Mit solchen politischen Umtrieben werden wir selber fertig. Wer es hier wagt, Politik zu machen, kommt in den ›Wiener Graben‹ und sieht nach 14 Tagen seinen eigenen Schatten nicht mehr.«

Danach begann die Tortur im Bad, wir hatten die erste Konfrontation mit SS-Blockführern und den »Berufsverbrechern« mit dem grünen Winkel (Die Spitze des Winkels zeigte nach oben) und die Überführung in die Isolierung (2. bzw. 3. Lager oben). Dort verbrachten wir als geschlossene Gruppe in einem Flügel mehrere Wochen. Blockältester und Stubenältester waren »Berufsverbrecher«, die uns loyal behandelten. Aus ihrem Verhalten uns gegenüber schlussfolgerten wir, dass trotz der uns bekannt gewordenen Tatsache, dass kriminelle und »asoziale« Häftlinge die meisten Lagerfunktionen besetzten, der Einfluss der politischen Häftlinge in ihren Positionen sehr bedeutsam sein musste.

Bereits während der ersten Tage der Isolierung wurde ein Genosse aus dem großen Lager beauftragt, mit der Gruppe der Sachsenhausener Verbindung aufzunehmen. (Soweit mir noch erinnerlich, war es der Genosse Fritz Grosse, der diesen Auftrag erfüllte).

Aber auch die Genossen außerhalb der Isolierung konnten nicht in Erfahrung bringen, was mit uns geschehen würde. Bald erhielten wir zusätzliche Brote. Wir mussten sie oft unter jeweils zehn und mehr Genossen aufteilen. Obwohl das unseren Hunger nicht verringern konnte, gab uns diese Tatsache viel Kraft und Mut. Wir ahnten, dass im Lager eine starke illegale Organisation existiert, und das gab uns Hoffnung, unseren Platz auch hier zu finden.

Nach wochenlangem Warten mussten wir eines Vormittags am Appellplatz antreten. Fast die ganze Lagerführung war erschienen. Als die Facharbeiter der Metallbranche – sie arbeiteten dann in den Rüstungswerkstätten – aufgefordert wurden, vorzutreten, wussten wir endlich, dass wir für den Arbeitseinsatz vorgesehen sind. Die meisten von uns kamen in den Steinbruch. Im Verlaufe weniger Wochen gelang es der illegalen Organisation im Lager, alle Sachsenhausener aus dem Steinbruch in andere Arbeitskommandos einzuschleusen. Das war für uns das Zeichen einer straff geführten illegalen Organisation. Die besonders harten Bedingungen im Lager erforderten eine äußerst strenge Konspiration. Daher blieben wir als geschlossene Gruppe zusammen, die aufgeteilt in Dreiergruppen mit ihrem Vormann ein eigenes Verbindungsnetz darstellte.

Die zentrale Gruppenleitung der Sachsenhausener Gruppe unterhielt die Verbindung zum illegalen Lagerkomitee, vor allem zum Genossen Franz Dahlem[1]. Diese organisatorische Selbständigkeit der Sachsenhausener Gruppe mit ihrem eigenen Verbindungsnetz war aus Sicherheitsgründen notwendig, unter anderem schon deshalb, weil alle Sachsenhausener bereits mit dem roten Fluchtpunkt nach Mauthausen eingeliefert wurden. Alle Begegnungen zwischen Genossen der zentralen Leitung der Sachsenhausener und Genossen der illegalen Organisationsleitung des gesamten Lagers erfolgten unter strengster Einhaltung der Regeln der Konspiration entsprechend den besonders schwierigen Bedingungen für die illegale Tätigkeit im Lager Mauthausen. Über diesen Weg erhielten wir mehrmals in der Woche Informationen über die politische Lage und zugleich Hinweise für unser Verhalten in der sich im Lager immer mehr zuspitzenden Situation.

Nach der Ermordung der Linzer Genossen, die als Gruppe ebenfalls mit dem Fluchtpunkt gekennzeichnet waren, entfernten wir Sachsenhausener auf Anweisung der illegalen Parteileitung unsere Fluchtpunkte.

Ohne die regelmäßige Vermittlung politischer Informationen über das Verbindungsnetz bis in die Dreiergruppen wäre es für uns schwerer gewesen, uns in den schwierigen Verhältnissen im Lager Mauthausen durchzuschlagen.

Über diesen Weg organisierten wir auch die Solidarität. So hatten unter anderen auch der Genosse Otto Wiesner und ich durch unseren Arbeitseinsatz im Baukommando einige Bewegungsmöglichkeiten, ohne SS-Begleitung. Wir hatten Verbindungsmöglichkeiten zu den Genossen Willi und Robert Rentmeister und Alfred Reinert. Während der Arbeitszeit konnten wir diese Genossen aufsuchen (Robert Rentmeister im Hollerith[2]-Büro, Alfred Reinert in der Zahnstation), und die von Genossen Willi Rentmeister organisierten Lebensmittel aus dem Lagermagazin transportieren und weitervermitteln. So konnten wir auch einige Male den Kontakt herstellen zu Genossen, die im sogenannten Sanitätslager eingeliefert waren.

Die Rolle der illegalen Parteiorganisation im Lager Mauthausen kann nicht hoch genug eingeschätzt werden, weil hier besonders komplizierte Verhältnisse waren, um die Verbindungen der Genossen untereinander zu gewährleisten.

Sadistischer Massenmord (Bericht aus privatem Nachlass II)

Mitte März traf im Konzentrationslager Mauthausen ein Transport von 1500 Häftlingen aus dem Lager Sachsenhausen ein. Die nachfolgende Darstellung der Ermordung von 300 Häftlingen aus diesem Transport soll nur eine der Methoden der Menschenvernichtung im KL Mauthausen aufzeigen, die auf Befehl der Lagerführung Ziereis, Bachmayer und Schulz erfolgte.[3]

Die durch den Transport erschöpften Häftlinge wurden bei ihrem Einmarsch im Lager durch die SS in Reih und Glied längs der Lagermauer zusammengetrieben. Die Lagerführung forderte die Kranken und Schwachen aus diesem Transport auf, sich zwecks Aufnahme ins Revier zu melden. Es meldeten sich einige total erschöpfte Häftlinge in der Hoffnung, nun endlich eine Ruhe und Hilfe nach den Strapazen dieses Transportes zu finden. Die Anzahl der hervortretenden Häftlinge genügte der Lagerführung nicht. Blockführer erhielten nun den Befehl, aus den Reihen der angetretenen Häftlinge die Opfer auszusuchen. Die SS fragte nicht nach Namen, Beruf, Nationalität; willkürlich wurden die alten und schwachen Häftlinge aus den Reihen herausgezerrt.

»Komm, Väterchen, Du bist auch alt und schwach, du musst auch mitgehen«, so zog ein Blockführer den über sechzig Jahre alten politischen Häftling Willi Brahms aus den Reihen hervor. Wissend, was die SS mit diesen ausgesuchten Häftlingen vorhatte, wehrte sich der alte Mann und sagte: »Ich bin nicht krank, ich will noch mal heraus und für mein Deutschland etwas tun!« Der Blockführer ließ ihn wieder laufen. So kam der alte Häftling in dieser Nacht am sicheren Tode vorbei.

Abgetrennt von diesem Transport wurden die 380 Opfer nun aufgefordert, sich vollständig zu entkleiden. Dem Schneetreiben ausgesetzt nahmen die Unglücklichen an der Todesmauer Aufstellung. Das Stöhnen und Wimmern dieser Menschen drang bis in die entlegensten Baracken des Lagers. Die einrückenden Kommandos wurden in die Baracken getrieben. Die anderen Häftlinge des Transportes gingen durch das Bad; ihrer Kleidung und Pakete beraubt wurden sie in Hemd und Unterhose in die Keller des Reviergebäudes getrieben.

Der Haufen nackter Menschen wurde jetzt hinter das Häftlingsbad geführt. Die ersten erfrorenen Häftlinge wurden schon in das Krematorium geschafft. Die Lagerfeuerwehr wurde mit dem Abtransport der Leichen beauftragt. Einigen Kameraden der Feuerwehr gelang es, nach und nach achtzig Häftlinge auf den zwischen Wäscherei und Küche stehenden Müllwagen verschwinden zu lassen. Sie wurden mit Decken zugedeckt und hinter dem Rücken der SS ins Reviergebäude gebracht, wo sie ihren Transportkameraden in den Kellern von den schrecklichen Torturen Mitteilung machten.

Um den Tod der anderen Unglücklichen zu beschleunigen, trieb die SS die Sterbenden in dieser Nacht mehrmals ins Bad. Nach heißen Duschen wurden die kalten Wasserstrahlen auf die Körper der Opfer herabgelassen. Auch der Stärkste musste unter diesen Misshandlungen eingehen. Erstarrte Körper, die im Leichenkeller des Krematoriums auftauten und noch Lebenszeichen von sich gaben, wurden dort von der SS erschlagen, während sich schon hinter der Wäscherei verschiedene Banditen aus den Reihen der Lagerfeuerwehr mit dem Totschlagen der zusammengebrochenen, aber noch lebenden Opfer an dieser sadistischen Orgie ergötzten. An der Spitze dieser mit Eisenstangen wütenden Verbrecher stand der berüchtigte Toni Speer, der sich rühmte, jedes Mal einen Rausch zu bekommen, wenn er Häftlinge totschlagen konnte.

Befreiung (Bericht aus privatem Nachlass III)

1985, anlässlich des 40. Jahrestages der Befreiung vom Hitlerfaschismus sprach mein Vater vor Angehörigen der Deutschen Volkspolizei über Antifaschismus und Friedenskampf:

»Nie werde ich den Tag unserer Befreiung vergessen. Es war in den Tagen, an dem das Ende des Faschismus in Berlin besiegelt wurde. Am 3.und 4.Mai 1945 hatten sich die Wachmannschaften der SS aus Mauthausen abgesetzt.

Wochen zuvor ins Lager gekommene Wachmannschaften, rekrutiert aus den alten Jahrgängen der Polizei und der Feuerwehr, übernahmen die Kontrolle.

Kein Arbeitskommando war an diesem Tage mehr ausmarschiert und es herrschte eine große Unruhe, denn keiner wusste, was geschehen würde. Diese Unruhe war der Schlusspunkt auf das Gefühl monatelanger Angst, in denen wir keinen Tag wussten, ob wir ihn überleben würden.

Wir ahnten die Pläne der SS, uns letztlich doch noch zu liquidieren.

Viele Häftlinge ertrugen diese gespannte Situation nicht und kamen noch um. Am schlimmsten waren die Bedingungen im unteren Lager, auch Russenlager genannt.

Die sowjetischen Häftlinge dort – meist sowjetische Kriegsgefangene, nicht mehr arbeitsfähig – boten ein Bild des Grauens. Sie vegetierten dahin, erhielten nur noch die Hälfte der ohnehin kaum zum Leben reichenden Rationen und waren tausenden wandelnden Skeletten gleich; Knochengerüste mit Haut überzogen.

Unter dem Vorwand, man wolle diese Häftlinge nicht so übergeben und sie im oberen Lager ›hochpäppeln‹, wurden die sowjetischen Gefangenen direkt in die Gaskammern gebracht. Die Nachricht darüber gelangte ins untere Lager und es gab Widerstand gegen weitere Abtransporte. Diese Situation verschärfte die Atmosphäre in Mauthausen aufs Äußerste und das Typische in den letzten Wochen vor der Befreiung für die 20.000 bis 25.000 Häftlinge war die Angst.

Unter diesen Umständen also waren letztlich die SS-Schergen doch abgezogen. Wir standen auf der Lagerstraße, und am Vormittag des 5. Mai 1945 näherten sich US-amerikanische Panzer; für uns das sichtbare Zeichen der Befreiung.

Der erste Panzer hielt inmitten von zehntausenden Häftlingen auf der Lagerstraße und im wahrsten Sinne des Wortes von oben herab, ohne eine Regung, schaute ein amerikanischer Offizier aus der Luke des Tanks auf uns; und in diesem Moment sagte Oskar Hoffmann[4] zu mir: ›Das sind unsere zukünftigen Hauptfeinde.‹ Er hat Recht behalten. Und er wusste, warum er das sagt.

Das Bündnis gegen Hitler war entstanden, weil der Faschismus mit den Mitteln des Krieges auch die kapitalistischen Konkurrenten ausschalten wollte, weil der Hass der Völker die bürgerlichen Regierungen zwang, an der Seite der Sowjetunion zu kämpfen und letztlich, weil die internationale Bourgeoisie nicht den Einfluss der Sowjetunion in ganz Europa wollte.

Worum es vor allem der amerikanischen Bourgeoisie ging, das bewies der Abwurf der Atombombe auf Hiroshima und Nagasaki. Es gab dafür keinerlei militärische Notwendigkeit.

Der US-Präsident Truman ließ die Katze aus dem Sack, als er sagte: ›Das ist der Knüppel, den wir den Russen in Potsdam zwischen die Beine werfen.‹«

Anmerkungen

1 Franz Dahlem war von 1937 bis 1939 Leiter der Zentralen Politischen Kommission der Internationalen Brigaden in Spanien, er war in der DDR langjähriges Mitglied des Politbüros des Zentralkomitees und zeitweilig verantwortlich für die Kaderarbeit der SED.
2 Vermutlich ist die nach diesem System sortierte Häftlingskartei gemeint.
3 SS-Standartenführer Franz Xaver Ziereis, Kommandant des KZ Mauthausen, flüchtete zwei Tage vor der Befreiung des Lagers durch die US-Armee, wurde von dieser gestellt und starb am 25. Mai 1945 an seinen Verletzungen. SS-Hauptsturmführer Georg Bachmayer, I. Schutzhaftlagerführer des KZ Mauthausen, tötete am 8. Mai 1945 seine Frau und seine beiden Kinder und verübte Suizid. SS-Hauptsturmführer Karl Paul Wilhelm Schulz, Leiter der Politischen Abteilung im KZ Mauthausen, musste sich erst im Jahr 1966 für seine in Mauthausen Verbrechen verantworten, wurde zu 15 Jahren Haft verurteilt und starb am 8. Oktober 1984.
4 Oskar Hoffmann, am 27. Mai 1904 geboren, war kommunistischer Häftling im Zuchthaus Brandenburg und in den Konzentrationslagern Sachsenhausen und Mauthausen. In der DDR arbeitete er im Bereich der Kulturpolitik.

Harters Rückkehr nach Westerholt

Nach der Befreiung kehrte Ernst Harter, mein Vater, nach Westerholt ins Ruhrgebiet zurück. Dort traf er auf Brunhilde Meyerstein, meine Mutter. Sie heirateten 1946. In Westerholt lebten Harters Mutter – meine Oma –, die kurz nach Kriegsende verstarb, seine Schwester Tini mit ihrer Familie sowie Bruder Heinz und dessen Frau Leni. Ernst Harters jüngster Bruder Emil war sehr jung an TBC gestorben, den ältesten Bruder Franz hatten die Nazis 1940 umgebracht, die beiden Schwestern Mia und Rosa lebten in Osnabrück bzw. in Hamburg.

Zwischen den zwei Brüdern Heinz und Ernst, die den Krieg überlebt hatten, herrschte ein gutes Verhältnis. Heinz war nie ein Nazi gewesen und immer solidarisch mit Franz, der von 1933 bis zu seiner Ermordung 1940 in Haft war. Den Krieg gegen die Sowjetunion hatte Heinz als Wehrmachtssoldat mitgemacht, zuletzt als Unteroffizier.

Mir ist nicht erinnerlich, dass mein Vater ihm das je vorgehalten hätte.

Zwei Situationen allerdings gab es, in denen dieses Thema eine Rolle spielte. Über die eine hat mir mein Vater berichtet und die andere habe ich selbst erlebt.

Onkel Heinz, Bauarbeiter Zeit seines Lebens, trank gerne einmal einen über den Durst. In einem solchen Zustand, er war bei uns zu Besuch, begann er plötzlich zu erzählen, wie sie beim Rückzug ukrainische Dörfer niedergebrannt hatten. Meinen sonst sehr sensiblen Vater interessierte es absolut nicht, ob Onkel Heinz sein Gewissen erleichtern wollte oder ob es einen anderen Grund für ihn gab, über diese Verbrechen zu sprechen – er schmiss ihn einfach aus der Wohnung.

Meine Eltern müssen mir zum frühestmöglichen Zeitpunkt eine Abscheu gegen die Uniformen der faschistischen Wehrmacht förmlich eingeimpft haben, und ebenso zeitig haben sie mir offenkundig beigebracht, dass Faschisten Verbrecher sind. Das Differenzieren lernte ich auch von ihnen – später, allerdings früh genug. Der nachfolgend beschriebene Vorgang spielte sich ab, als mein Differenzierungsvermögen noch unterentwickelt war.

Ich war häufig und gerne bei Tante Leni und Onkel Heinz zu Besuch. Ich weiß nicht, ob ich schon zur Schule ging, oder ob das nachfolgend Erzählte kurz davor passierte. Ich geriet ins Schlafzimmer der beiden und auf dem Nachttisch von Tante Leni stand ein Foto von Onkel Heinz in Wehrmachtsuniform.

»Onkel Heinz war auch so ein Verbrecher?«, fragte ich meine Tante. Oder stellte ich das fest? Das ist mir natürlich nicht erinnerlich. Meine Tante war hell entsetzt. Als Onkel Heinz nach Hause kam, berichtete sie ihm empört über meine Unverschämtheit. Später kamen meine Eltern, um mich abzuholen. Sie wurden natürlich auch gleich informiert, verbunden mit der Feststellung, Heinz sei kein Verbrecher.

»Das weiß ich«, erwiderte mein Vater, ruhig wie fast immer. »Aber nehmt doch einfach das Bild weg. Dann gibt es keine Verwechslungen.« So geschah es dann auch.

Meine Eltern waren Menschen voller Empathie und zugleich fehlte es ihnen nicht an Offenheit, wenn es um den Schutz ihrer, durch ein so schweres Leben geprägte Identität ging. Davon zeugt auch die nachfolgende Geschichte.

Lehrer Schulz
und mein 17. Juni 1953

1953 wurde ich eingeschult und besuchte sechs Jahre lang die evangelische Paul-Gerhardt-Schule in Westerholt. Die evangelische Schule deshalb, weil eine katholische Schule nur für Kinder von Katholiken in Frage kam; Religionsunterricht war dort selbstverständliche Pflicht. Meine Eltern waren Atheisten und erzogen mich in diesem Sinne. An evangelischen Schulen konnten auch Kinder wie ich lernen. Wir waren vom Religionsunterricht befreit.

Acht Jahre nach der Zerschlagung des Faschismus waren die meisten unserer Lehrer bereits seit der Nazizeit in ihrem Beruf tätig. Und mehr als das. Nicht wenige von ihnen waren Stützen des Systems gewesen. Mein langjähriger Klassenleiter und späterer Rektor Lehrer Schulz war ein führender NSDAP-Funktionär im Ort gewesen. Die Lehrerinnen Fräulein Land und Fräulein König hatten in der NS-Frauenschaft[1] ihre Verbundenheit mit dem System bekundet, und unser Erdkundelehrer, sein Name ist mir nicht erinnerlich, hatte der Waffen-SS angehört.

Die Prügelstrafe war bis 1968 an der Tagesordnung, wie schon unter dem Kaiser oder in der Hitlerzeit. Manche Lehrer, wie der Herr Schulz, schlugen fast nie. Fräulein König und Fräulein Land benutzten einen Rohrstock[2], und der SS-Lehrer zog den Deckel aus der Griffelkasten[3] und schlug damit auf unsere Kinderhände. Im Klassenraum hing eine Landkarte mit Deutschland in den Grenzen von 1937, und am Volkstrauertag[4] erzählten uns die Lehrer über die deutschen Gefallenen in fremder Erde, die andernorts für das

Vaterland ihr Leben gegeben hätten. Die Opfer des Faschismus kamen nicht vor. »Landser-Hefte«[5] taten das ihre.

Dank meiner Eltern war ich gegen all das von klein auf immun. Ohne dass sie mich überforderten oder gar missionierten, nahm ich den Antifaschismus sozusagen mit der Muttermilch auf. Sie mussten mir ja auch sehr früh erklären, warum alle anderen Mitschüler Omas und Opas hatten und ich nie Großeltern besaß. Meine Eltern hassten das Deutschlandlied. Es war für sie wohl die Inkarnation all dessen, was die Nazis den Völkern, das eigene eingeschlossen, angetan hatten. Demzufolge sagten sie mir, dieses Lied müsse ich nie mitsingen.

Ich weiß nicht mehr, in welchem Jahr in unserer Schule erstmalig eine dann jährlich begangene Erinnerungsfeier an den 17. Juni 1953 stattfand[6]. Zum Abschluss dieser Gedenkstunde wurde das Deutschlandlied gesungen. Da ich nicht bereit war, mitzusingen, blieb ich auch gleich sitzen. Zur Strafe wurde ich sofort nach diesem Vorkommnis nach Hause geschickt. Meine Mutter billigte mein Verhalten uneingeschränkt, und das tat auch mein Vater, als er abends heimkam. Darüber hinaus sagte er, am Wochenende würde er Herrn Schulz besuchen und mit ihm über die Angelegenheit reden. Ich solle das Herrn Schulz schon einmal ankündigen und mich nähme er dann mit.

Mitkommen wollte ich nun nicht, aber mein Vater blieb dabei, und am kommenden Sonntag klingelten wir gemeinsam bei meinem Lehrer. Der bat uns herein, und ich werde nie vergessen, was ihm mein Vater in seiner freundlichen Art sagte: »Herr Schulz, Sie wissen, wir sind Kommunisten. Für uns ist der 17. Juni kein Grund, zu feiern, sondern es ist ein schwarzer Tag. Das Deutschlandlied wird unsere Ellen niemals mitsingen, und ich möchte Sie fragen, ob mit dem heutigen Besuch bei Ihnen unsere Tochter – solange sie die Paul-Gerhardt-Schule besucht – für alle 17. Juni-Gedenkstunden entschuldigt ist, oder ob ich sie jährlich entschuldigen muss?« Selbstverständlich gelte die Entschuldigung generell. Überzeugungen seien zu achten, erwiderte Lehrer Schulz. Dann unterhielten er und mein Vater sich noch ein wenig über alles Mögliche. Wir nahmen derweil die von Frau Schulz angebotenen Getränke zu uns und verabschiedeten uns in einer entspannten Atmosphäre. Ich bin von Lehrer Schulz zu keinem Zeitpunkt für diesen Besuch direkt oder indirekt schikaniert worden.

Im Frühjahr 1990 fuhr ich nach über dreißig Jahren das erste Mal wieder nach Westerholt. Ich ging durch den Ort und kam auch zu meiner alten Schule, die leer stand. Gegenüber der früheren Schule hatte Lehrer Schulz gewohnt. Ich fand den Namen und klingelte. Seine Frau öffnete und erklärte mir auf Nachfrage, ihr Mann sei vor Jahren verstorben. Ich sagte ihr, dass ich seine Schülerin gewesen sei und damals Harter geheißen habe. Sie bat mich, mit ihr eine Tasse Kaffee zu trinken und sagte mir im Gespräch, ihr Mann habe öfter über meine Eltern und mich gesprochen. Er habe meine Eltern sehr geachtet.

Mein Vater arbeitete bis zum Parteiverbot 1956[7] hauptamtlich in der KPD. 1955 gehörte er mit Heinz Junge und anderen zu den Gründern des Sachsenhausenkomitees in der BRD. Als 1956 die letzten 10.000 Kriegsgefangenen aus der Sowjetunion, als »Nicht-Amnestierte« entlassen, in der BRD mit allen Ehren empfangen wurden, darunter SS-Verbrecher aus Sachsenhausen, betrieb das Komitee die Strafverfolgung des »Eisernen Gustav«, des »Pistolen-Schubert« und anderer Mörder. So suchte das damalige Sekretariat des Sachsenhausen-Komitees 1956 den ehemaligen Lagerführer August Höhn nach seiner Rückkehr aus Workuta ohne Anmeldung in dessen Wohnung auf. Höhn erkannte die ehemaligen Häftlinge sofort wieder und fragte ängstlich, ob sie mit ihm abrechnen wollten; er war offensichtlich auf alles gefasst. Mein Vater sagte nur:

»Wir sind gekommen, um Gewissheit über den Tod unserer 27 Kameraden zu bekommen, und wir erwarten, dass Sie uns die Wahrheit sagen.« – Höhn schilderte die »Erschießungsaktion« am 11. Oktober 1944[8].

Die politischen Entwicklungen in der BRD bereiteten meinen Eltern große Sorgen. Zahlreiche Kriegsverbrecher und Nazis blieben in Amt und Würden, die Spaltung Deutschlands wurde forciert, der Antikommunismus blieb Staatsdoktrin, die Verbotsdrohungen gegen die KPD und andere demokratische und linke Organisationen nahmen zu. Der Kalte Krieg tobte. Nach dem KPD-Verbot musste mein Vater in die DDR gehen. Sein nach einer lebensgefährlichen Erkrankung Anfang der fünfziger Jahre nicht sehr stabiler Gesundheitszustand hätte eine weitere Haft zu einem ernsthaften Risiko werden lassen. Verhaftungen und Verurteilungen von Kommunistinnen und Kommunisten waren zu dieser Zeit nicht unüblich.

Nach drei Jahren der Trennung folgten ihm 1959 meine Mutter und ich nach Berlin, Hauptstadt der Deutschen Demokratischen Republik.

Die Jahre, die wir von ihm getrennt lebten, waren für uns nicht leicht. In dieser Zeit war es vor allem Marianne Konze, die uns stets solidarisch zur Seite stand. Ihr Mann Robert saß, wie so viele Kommunisten in den fünfziger Jahren, in der BRD im Gefängnis. Marianne und Robert, Arbeiter ihrer Herkunft nach – Robert war Bergarbeiter und Marianne Verkäuferin – arbeiteten nach der Gründung der DKP hauptamtlich für die Partei. Marianne war langjährig die Vorsitzende der DKP-Frauenkommission. Aus der engen Freundschaft zwischen Konzes und meinen Eltern ist eine Freundschaft zwischen ihnen und mir geworden.

2020 ist Robert Konze verstorben. Marianne Konze gehörte zu den ersten, denen ich von meiner Absicht berichtete, meiner lieben Eltern schreibend zu gedenken. Kurz darauf schrieb sie mir:

»Danke, liebe Ellen, für Deinen Anruf mit der Nachricht betr. Deiner Eltern, die liebevoll hilfsbereit zu allen waren. Der Antifaschismus, Friedenseinsatz und die Solidarität waren ihr Lebensinhalt.«

Anmerkungen

1 Die NS-Frauenschaft war die Frauenorganisation der NSDAP.
2 Ein Rohrstock war ein Geh- oder Schlagstock, wesentlich elastischer als ein Stock aus normalem Holz. Das Material war Schilf, Bambus oder Rattan, Hiebe damit waren besonders schmerzhaft.
3 Der Griffelkasten war ein Behältnis für Stifte, Federhalter und Bleistifte aus Holz, verschlossen wurde er mit einem herausziehbaren oder über Scharniere beweglichen Deckel.
4 Der Volkstrauertag ist seit 1952 in der BRD ein staatlicher Gedenktag und wird jeweils zwei Sonntage vor dem ersten Adventssonntag begangen. Erstmals fand der Volkstrauertag am 1.März 1925 statt. Er war dem Gedenken an die im Weltkrieg gefallenen deutschen Soldaten gewidmet. Entsprechend wurde der Volkstrauertag nach dem Zweiten Weltkrieg in der BRD weiter begangen; in der DDR hingegen abgeschafft.
5 Von 1957 bis 2013 erschienen diese kriegsverherrlichende Heftromane, in denen der Mythos von der sauberen Wehrmacht propagiert wurde. »Die Schaffung der Bundeswehr hat diese Serie erst geschaffen«, erklärte der Verleger der Landser-Hefte, Erich Pabel.
6 Von 1954 bis 1990 war der 17. Juni in der BRD ein gesetzlicher Feiertag in Erinnerung an den Versuch, die gesellschaftlichen Verhältnisse in der DDR fundamental zu verändern.
7 Am 17. August 1956 wurde die KPD, die sich der Remilitarisierung in der BRD konsequent entgegenstellte, verboten. Es erfolgte die Zwangsauflösung und der Entzug der politischen Mandate. Ebenso gab es ein Verbot der Gründung von Ersatzorganisationen und Gerichtsverfahren gegen tausende Mitglieder. Bereits vorher erfolgten Verbote von sogenannten Vorfeldorganisationen wie der FDJ.
8 Sachsenhausen-Informationen, *Mitteilungsblatt* Nr. 61 vom 9. Oktober 1970.

Ellen Brombacher, geborene Harter, mit Sohn Sascha und ihrem Mann Pedro, Ende der siebziger Jahre

Veranstaltung der DKP-Kreisorganisation Recklinghausen, auf der an die Eltern von Ellen Brombacher erinnert wurde, 30. Januar 1997.
Zweiter von links Robert Konze, neben ihm seine Frau Marianne

Der Polizeipräsident in Recklinghausen
- 14. K. -
Behördenbezeichnung
Geschäftszeichen: 2656/59

Recklinghausen, den 17. 9. 195 9

Auf Anordnung de s AG. Gelsenkirchen-Buer v. 15. 9. 1959, Aktz. 6 Gs 844/59

wurde, weil Gefahr im Verzuge war, heute um 07,30 Uhr in der Wohnung*) — ~~Geschäfts~~- und sonstigen Räumen*) — des Dachdeckers Ernst H a r t e r, geb. am 17. 7. 09 in Altenessen
Westerholt, Obringstr. 2
Ort

eine Durchsuchung von ~~dem~~ Unterzeichneten vorgenommen.
den

Der Durchführung wohnten bei:
1.) die Ehefrau Brunhilde Harter, geb. Meyerstein
2.) die Tochter Ellen Harter

Es wurden die umseitig aufgeführten Gegenstände aufgefunden und —
beschlagnahmt*), — weil sie — als Beweismittel von Bedeutung sein können*),
Gegen die Beschlagnahme wurde von de r Ehefrau Brunhilde Harter
— ausdrücklich*) — Widerspruch erhoben.
Eine Mitteilung oder ein Verzeichnis gemäß § 107 StPO. wurde — nicht — verlangt — und
der Ehefrau Brunhilde Harter ausgehändigt.*)

(Schwirtz) KOM. - 14. K. Recklinghausen
Namen des/der Beamten   Amtsbezeichnung   Dienststelle
(Erlenhoff) PHW. i. Kd. " "

*) Nichtzutreffendes ist zu durchstreichen.

RPol. 381, Pol. Druck 7. 54, 3000

Wenige Tage vor der Übersiedlung in die DDR erfolgte in der Wohnung der Harters eine polizeiliche Durchsuchung, 1959

115

Nachweisung der Gegenstände

Lfd. Nr.	Stücke oder Gewicht	Gegenstand	Wert	Name, Stand, Wohnung des letzten Inhabers
1	1	1 Aufenthaltsgenehmigung für Walter Z a r e m b a mit Anschrift, eingegangen am 17. 9. 59		
2	1	1 Briefumschlag (leer), Abs. E. Harter		
3	1	1 Anschrift Anton B e e r		
4	1	1 Einlieferungsschein, gerichtet an Kolodzey		
5	1	1 Postabschnitt über 1oo,-DM, gerichtet an Ernst Brehmer		
6	1	1 Anschrift Fontanestr. 41 Berlin-Woltersdorf b. Erkner		
7	1	1 Visitenkrate Dr. Ernst Schuhmacher, München 23, Hörwarthstr. 31		
8	1	1 Telegrammumschlag mit Anschrift Herta Stüberg, Hagen/ Westf., In der Welle 54 a		
9	1	1 Telegramm aus Berlin-Karlshorst		
1o	1	1 DFD-Mitgliedsbuch, Nr. 5644, für Brunhilde Harter		
11	1	1 Postabschnitt, 5oo,-DM, an Hasso Kolodzey, Berlin-Schöneich, Münchnerstr. 21		
12	1	1 Briefumschlag (leer), Abs. E.H. bei Otto Schwarzer, Hohenschönhausen, Papendikstr. 15		
13	1	1 Eidesstattl. Versicherung, Rückseite Vermerk: ZK 33,8o4, Regtl. 3o.-W.G.		

Name des Betroffenen oder eines Zeugen
(Erlenhoff) PHW. i. Kd.

Verbleib der Gegenstände (Nichtzutreffendes ist zu durchstreichen).

a) Belassen im Gewahrsam des
b) Im Polizeirevier sichergestellt
c) zur Aufbewahrungsstelle gegeben

Ausgehändigt am .... an .... erhalten

Name, Amtsbezeichnung des aushändigenden Beamten und des Empfängers

Bürokratisch-korrekt, wenn auch mit kleinen Schreibfehlern (aus Herta Stuberg wurde Stüberg) wurde alles dokumentiert

Weitere sichergestellte Gegenstände anläßlich der Durchsuchung
der Wohnräume des Ernst H a r t e r, Westerholt, Obringstr. 2,
am 17. 9. 1959

14 1 Bescheinigung über Angestelltenversicherung von
    1945 - 1948
14 1 Bescheinigung über Angestelltenversicherung von
    1948 - 1949
15 1 Bescheinigung über Angestelltenversicherung von
    1950 - 1953
16 1 Aufrechnungsbescheinigung über die Angestelltenver-
    sicherung von 1954 - 1956

(Schwirtz) KOM.
(Erlenhoff) PHW. i. Kd.

V e r m e r k : Die Ehefrau Brunhilde H a r t e r verwei-
                gerte die Unterschriftsleistung.

PHW. i. Kd.

Auch die Verweigerung der Unterschrift wurde vermerkt

Das sowjetische Ehrenmal in Berlin-Treptow – alljährlich am 8. Mai, am Tag der Befreiung von Faschismus und Krieg, Ort des Gedenkens und des Dankes. **Oben**: *2022 mit Thomas Hecker,* **links** *1982 mit Sohn Sascha und Pedro Brombacher*

Erbepflege, Traditionslinien, Weitergabe von Erfahrungen und Werten in den Familien. Freundschaften gehen auf die Kinder über. Horst Jonas und Ernst Harter freundeten sich im KZ Sachsenhausen an. Jonas kam nach Auschwitz, wurde dort Lagerelektriker, lernte Katja kennen, eine slowakische Jüdin, sie heirateten. Jonas war Neubrandenburger OB. Witwe Katja Jonas zog nach Berlin. Neben ihr Hilde Harter (r.)

Kurt Gutmann (1927-2017) kam mit dem letzten Transport jüdischer Kinder aus Deutschland im Juni 1939 nach Schottland, kämpfte in der britischen Armee gegen Nazideutschland, arbeitete in der DDR als Dolmetscher – und war 2009 Nebenkläger im Prozess gegen Demjanjuk, dem KZ-Wächter von Sobibor, wo Gutmanns Mutter und Bruder ermordet worden waren.
Neben Kurt Gutmann Ingeborg Dummer, die Freudin von Hilde Harter.
Foto linke Seite:: *Ellen Brombacher mit Heinz Keßler (1920-2017) an dessen 90. Geburtstag, 2010*

Ellen Brombachers Urgroßmutter Bertha Meyerstein aus Bremke »verstarb« in Theresienstadt angeblich an Darmkatarrh

TODESFALLANZEIGE

Ghetto Theresienstadt
Der Ältestenrat 159

No.

Sterbematrik 17.969

Name (bei Frauen auch Mädchenname): **MEYERSTEIN**
Vorname: *Rosa* Tr. Nr. 58
Meyer u. Israel, THL

Geboren am **9.6.** **1857** in **Bremke** Bezirk **Göttingen**

Stand **Wilwer** Beruf *ohne* Relig.: **mosaisch** Geschl.: **Männlich**

Staatsangehörigkeit **Deutsches Reich** Heimatgemeinde

Letzter Wohnort (Adresse)

Wohnhaft in Theresienstadt Gebäude No. **L 505** Zimmer No: **03**

Name des Vaters:
Name der Mutter (Mädchenname):
Beruf:
Letzter Wohnort:

Sterbetag **26.7.1943** Sterbestunde **4 40** Sterbeort: Theresienstadt

Genaue Ortsbezeichnung (Gebäude, Zimmer) **L 505. Z. 03**

Verwandte	Name	Tr. Nr.	Verwandtschaftsgr.	Wohnadresse (b. Gatten u. Kindern auch Geburtsdaten)
in Theresienstadt				
im Protektorat				

Tag der letzt. Eheschließung **Kennkarte** Ort der letzt. Eheschließung Zahl d. Kinder aus letzt. Ehe

Art des Personalausweises **Kennkarte** No. **A.00016** Ausgestellt von **Göttingen**

Behandelnder Arzt: **Dr. Friedrich Kisser**

Krankheit (in Blockschrift):
Todesursache (in Blockschrift): **ENTERITIS / DARMKATARRH**

Totenbeschau führte durch *Frankl Franziska* Tag u. Stunde der Totenbeschau **26.7.43**

Ort der Beisetzung Tag u. Stunde der Beisetzung

Theresienstadt, am **26.7.1943**

Der Totenbeschauer: *Frankl Franziska*
Der Amtsarzt:
Der Chefarzt:

Normierte Totenscheine: Drei Monate später, am 26. Januar 1943, erliegt ihr Mann Max Meyerstein dem gleichen Leiden

	1.3.1.1.	Gitel / Jette MEYERSTEIN, geb. Bremke 22.5.1842 – gest. ... ?
	1.3.1.2.	Elise (Lina) / *Eddel* MEYERSTEIN, geb. Bremke 15.3.1844 – gest. Groß Munzel 7.10.1876
		verh. Bremke 2.11.1875 m. Georg WALLACH, geb. Kolenfeld 14.2.1841 – gest. Groß Munzel 10.7.1924
	1.3.1.3.	Doris / *Sarchen* MEYERSTEIN, geb. Bremke 18.4.1846 – gest. Groß Munzel 7.12.1878
		verh. Kolenfeld 1.5.1877 m. Georg WALLACH [vgl. 1.3.1.2.]
	1.3.1.4.	Magnus (Manchen) Abraham MEYERSTEIN, geb. Bremke 14.3.1849 – gest. Groß Munzel 14.8.1928
		verh. Bremke 27.12.1875 m. Friederike (Riekchen / Rahel) ROSENKRANZ, geb. Reichensachsen 4.1.1842 – gest. Göttingen 16.3.1904
	1.3.1.4.1.	Goldine MEYERSTEIN, geb. Bremke 28.9.1876 – gest. Northeim 15.3.1935
		verh. Northeim (?) ca. 1908/09 m. Heinrich David SPANIER,
X		geb. Goch/Rhld. 14.9.1880 – deportiert und verschollen
	1.3.1.4.2.	Siegmund MEYERSTEIN, geb. Bremke 11.12.1877 – gest. ebd. 29.12.1877
X	1.3.1.4.3.	Max MEYERSTEIN, geb. Bremke 25.6.1879 – gest. KZ Buchenwald 20.3.1942
X		verh. m. Berta Katz, geb. ...? 16.4.1884 – gest. KZ Ravensbrück 3.4.1941
X	1.3.1.4.3.1.	Franziska MEYERSTEIN, geb. Jena ...?1910 – deportiert und verschollen
X	1.3.1.4.3.2.	Werner MEYERSTEIN, geb. Jena 20.10.1915 – deportiert und verschollen
	1.3.1.4.4.	Harry MEYERSTEIN, geb. Bremke 30.8.1881 – gest. ... ?
	1.3.1.4.5.	Martha MEYERSTEIN, geb. Bremke 31.3.1883 – gest. ... ? / USA ? ... ?
		verh. m. Isidor MANNHEIM, geb. Groß Munzel 16.10.1872 – gest. ... ? / USA ? ... ?
?	1.3.1.4.6.	Emma MEYERSTEIN, geb. Bremke 23.1.1885 – gest. ... ? (nach 1938)
		verh. (1.) ... ? m. ... ?
		verh. (2.) Berlin-Friedenau 1937 (Nr. 158) m. ... ?
	1.3.1.5.	Rieke (*Rikchen*) MEYERSTEIN, geb. Bremke 21.5.1851 – gest. ebd. 2.9.1852
	1.3.1.6.	Sohn, tot geb. Bremke 20.2.1855
	1.3.1.7.	Sohn, tot geb. Bremke 7.6.1857
X	1.3.1.8.	Max / Meier Abraham MEYERSTEIN, geb. Bremke 7.6.1857 – gest. KZ Theresienstadt 26.5.1943
		verh. Bremke 7.6.1883 m. Bertha (Betty / *Bethi*) OPPENHEIM,
X		geb. Bremke 18.9.1856 – gest. KZ Theresienstadt 3.10.1942
	1.3.1.8.1.	Martin MEYERSTEIN, geb. Bremke 8.5.1884 – gest. ebd. 26.4.1886
X	1.3.1.8.2.	Ivan / Iwan MEYERSTEIN, geb. Bremke 28.6.1885 – deportiert und verschollen
X		verh. Niedenstein ? 10.10.1909 m. Julie ADLER, geb. Niedenstein 8. 6.1886 – deportiert und verschollen
	1.3.1.8.2.1.	Brunhilde (Hilde) MEYERSTEIN, geb. Orsoy / Rhld. 21.11.1910 – gest. Berlin 5.7.1999
		verh. Westerholt 27.9.1946 m. Ernst HARTER, geb. Altenesssen 17.7.1909 – gest. Berlin 28.4.1995
	1.3.1.8.2.2.	Irma MEYERSTEIN, geb. Niedenstein (?) 19.6.1919
		verh. ... ? m. Benno HAAS in den USA
	1.3.1.8.2.3.	Marianne (Anni) MEYERSTEIN, geb. Bremke 3.3.1920 – gest. Miami / USA um 1980
		verh. ... ? m. Max POTTER in den USA

Auszüge aus den Listen der von Tonia Sophie Müller und Eicke Dietert erarbeiteten Dokumentation »Die jüdische Familie Meyerstein in Bremke und Göttingen«, 2002 erschienen. Die mit einem Kreuz von Ellen Brombacher versehenen Namen sind ermordete Verwandte der Autorin. Es sind auf allen Seiten addiert insgesamt vierzig Kreuze

1.3.2.6.	Julchen (gen. Mathilde) MEYERSTEIN, geb. Bremke 10.7.1860 – gest. Eschwege 6.11.1938	
1.3.3.	Jonas Manchen MEYERSTEIN, geb. Bremke 20.8.1818 – gest. ebd. 25.11.1863	
	verh. Bremke 29.10.1850 m. Hannchen / *Hindsleben* MEYERSTEIN (Nr. 1.2.6.),	
	geb. Bremke 16.8.1819 – gest. ebd.(??) 12.3.1903?	
1.3.3.1.	Manchen MEYERSTEIN, geb. Bremke 2.9.1851 – gest. … ?	
1.3.3.2.	Meier MEYERSTEIN, geb. Bremke 13.2.1854 – gest. ebd. 27.12.1854	
1.3.3.3.	Jacob MEYERSTEIN, geb. Bremke 8.1.1856 – gest. Moringen 6.1.1931	
1.3.3.4.	Hermann MEYERSTEIN, geb. Bremke 5.4.1858 – gest. KZ Theresienstadt 28.8.1942	
	verh. Moringen 19.6.1888 m. Clara BERG, geb. Moringen 5.10.1862 – gest. KZ Theresienstadt 20.1.1944	
1.3.4.	Levi Manchen MEYERSTEIN, geb. Bremke 11.12.1822 – gest. ebd. 18.9.1891	
	verh. Bremke 15.6.1853 m. Regine (*Rieksßen*) KATZ, geb. Rosdorf 23.2.1824 – gest. Bremke 26.12.1900	
1.3.4.1.	Magnus Levi MEYERSTEIN, geb. Bremke 6.4.1854 – gest. Göttingen 18.1.1942	
	verh. Borken 25.10.1881 m. Bertha (Perle) KAUFMANN, geb. Borken (Hessen) 18.6./7.1850 – gest. Göttingen 21.4.1919	
1.3.4.1.1.	*Jottilie* (= Ottilie?) MEYERSTEIN, geb. Bremke 28.7.1882 – gest. ebd. 3.6.1888	
1.3.4.1.2.	Paula MEYERSTEIN, geb. Bremke 29.7.1884 – gest. … ? 6.5.1937 (?)	
1.3.4.1.3.	Selma MEYERSTEIN, geb. Bremke 15.6.1886 – gest. Göttingen 25.5.1930	
	verh. Göttingen 24.9.1918 m. Alexander ASSER, geb. Göttingen 30.10.1896 – gest. ebd. 25.5.1930	
1.3.4.1.4.	Tochter, tot geb. Bremke 26.12.1886	
1.3.4.1.5.	Siegfried MEYERSTEIN, geb. Bremke 15.6.1888 – deportiert und verschollen	
	verh. … ? 1919 m. Rosa GANS, geb. Rotenburg/Fulda 11.1.1888 – deportiert und verschollen	
1.3.4.1.5.1.	Heinz MEYERSTEIN, geb. Göttingen 17.9.1920	
	verh. … ? m. Anna (Anni) SOBALSKI, geb. Stettin 16.?.1921	
1.3.4.1.5.1.1.	Amnon Herbert MOAV, geb. Tel Aviv 12.5.1950	
	lebt zusammen m. Rachel STERNKRANZ, geb. Haifa 1.11.1952	
1.3.4.1.5.1.2.	Nahar MOAV, geb. Tel Aviv 15.1.1991	
1.3.4.1.5.1.2.1.	Iaron MEYERSTEIN, geb. Tel Aviv 15.12.1954	
	verh. … ? m. Edna SABCHA, geb. Tel Aviv 27.5.1967	
1.3.4.1.5.1.2.1.	Ofek MEYERSTEIN, geb. Tel Aviv 12.4.1995	
1.3.4.1.5.2.	Herbert MEYERSTEIN, geb. Göttingen 12.6.1922 – gest. KZ Auschwitz 29.8.1942	
1.3.4.1.6.	Sohn, tot geb. Bremke 26.12.1889	
1.3.4.1.7.	Hugo MEYERSTEIN, geb. Bremke 4.4.1891 – deportiert und verschollen	
	verh. … ? m. Paula JARETZKI, geb. Posen 2.3.1890 – deportiert und verschollen	
1.3.4.1.7.1.	Ludwig MEYERSTEIN, geb. Göttingen 29.6.1920 – deportiert und verschollen	

1.3.1.8.3.	Hermann MEYERSTEIN, geb. Bremke 26.2.1887 – gest. Sosua / Dom. Rep. (?) … ?	
	verh. Werden 2.8.1914 ? m. Selma (Sara) WOLFFS, geb. Aurich 30./31.10.1882 – gest. Göttingen 30.12.1935	
1.3.1.8.3.1.	Gerda MEYERSTEIN, geb. Aurich (?) 18.7.1910 – gest. … ? / USA 1978"	
1.3.1.8.3.2.	Werner MEYERSTEIN, geb. Bremke 24.7.1919 – gest. Miami / USA 2000	
1.3.1.8.3.3.	Sohn, tot geb. Bremke 12.10.1921	
1.3.1.8.3.4.	Wolfgang MEYERSTEIN, geb. Bremke 10.1.1923 – gest. … ? / Israel um 1950	
1.3.1.8.3.5.	Marga MEYERSTEIN, geb. Bremke 27.4.1927 – gest. ebd. 14.5.1927	
1.3.1.8.4.	Moritz MEYERSTEIN, geb. Bremke 1.11.1888 – deportiert und verschollen	
1.3.1.8.4.1.	Hermann MEYERSTEIN, geb. Bremke 9.9.1921 – gest. … ? / GB um 1990	
	verh. … ? m. … ?	
1.3.1.8.4.1.1.	Michael MEYERSTEIN, geb. … ? / GB 1950	
1.3.1.8.4.2.	Ruth MEYERSTEIN, geb. Bremke 9.9.1921 – gest. ebd. 14.2.1924	
1.3.1.8.4.3.	Martha Marianne MEYERSTEIN, geb. Bremke 26.12.1923 – deportiert und verschollen	
1.3.1.8.5.	Leopold MEYERSTEIN, geb. Bremke 5.12.1892 – deportiert und verschollen	
	verh. Aurich(?) Aug. 1919 (?) m. Golly WOLFFS(?), geb. Aurich 1.5.1888 – deportiert und verschollen	
1.3.1.8.5.1.	Walter MEYERSTEIN, geb. Bremke 21.6.1920 – deportiert und verschollen	
1.3.1.8.5.2.	Franziska Fanny MEYERSTEIN, geb. Bremke 4.2.1922 – deportiert und verschollen	
1.3.1.8.5.3.	Marianne Margot MEYERSTEIN, geb. Bremke 26.5.1923	
	verh. Haifa (?) 5.8.1945 m. Siegfried (Salomon / *Schlomo*) BEER, geb. Wien 2.10.1918	
1.3.2.	Herz Manchen MEYERSTEIN, geb. Bremke 4.12.1815 – gest. ebd. 28.1.1903	
	verh. Bremke 14.6.1848 m. Adelheid (Eddel) ROSENSTERN, geb. Bremke 29.12.1820 – gest. ebd. 12.3.1892	
1.3.2.1.	Minna (*Minos*) MEYERSTEIN, geb. Bremke 17.11.1886 m. Sally STEIN, geb. Warburg 12.8.1861 – gest. … ?	
	verh. Bremke 13.9.1876 m. Isidor HECHT, geb. Nordhausen 23.10.1848 – gest. … ?	
1.3.2.2.	Pauline (*Pollo*) MEYERSTEIN, geb. Bremke 27.12.1850 – gest. Eschwege 26.3.1938	
1.3.2.3.	Magnus MEYERSTEIN, geb. Bremke 15.11.1852 – gest. … ?	
1.3.2.4.	Jeanette (*Schönchen*) MEYERSTEIN, geb. Bremke 3.5.1849 – gest. … ?	
1.3.2.5.	Henriette (Jette / Jettchen) MEYERSTEIN, geb. Bremke 12.8.1857 – gest. … ?	

125

Betriebsausflug mit den Kolleginnen der Gemeinnützigen GmbH »BQG-Ankunft« nach Paris, 2008. Rechts außen die Chefin Brigitte Triems, Dritte von rechts Ellen Brombacher

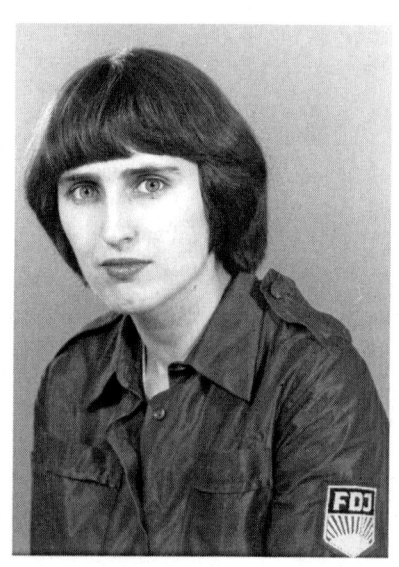

Als hauptamtlicher Jugendfunktionär, 1973

Ellen Brombacher (2. v. l.) bei der Liebknecht-Luxemburg-Demonstration in der Pandemie, 10. Januar 2021

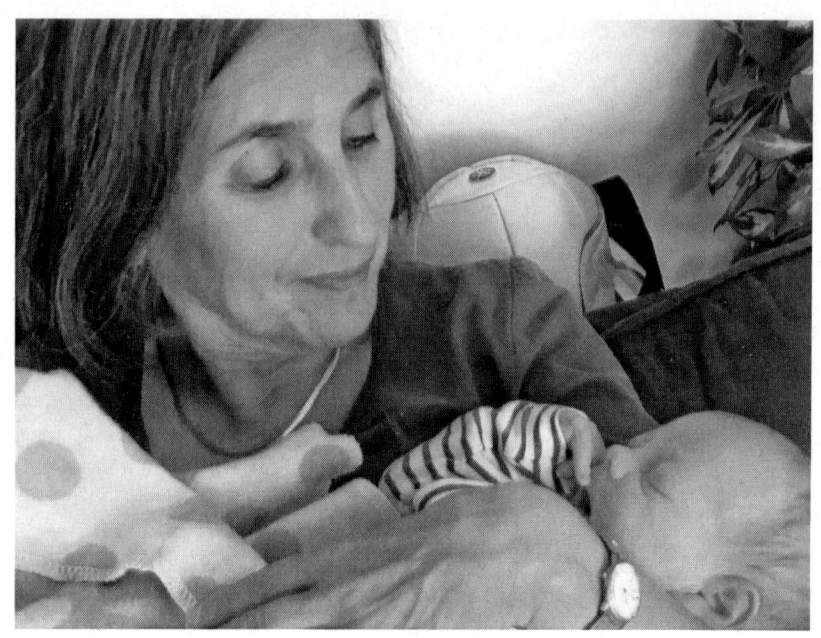
Mit Enkel Mads, 2018

Hausdurchsuchung

Nachdem entschieden war, dass wir zu Papa in die DDR ziehen, bereiteten wir alles für den Umzug vor und hätten uns jederzeit nach Berlin aufmachen können, wäre da nicht ein Problem gewesen: Wir waren Österreicher.
Der einzige, der von uns jemals in Österreich war, war mein Vater. Er war bekanntlich in Mauthausen.
Warum wir – bis wir die DDR-Staatsbürgerschaft erhielten – Ausländer waren, haben mir meine Eltern so erklärt: Meine Großeltern väterlicherseits stammten aus Österreich und wollten immer in ihr schönes Österreich zurück. Das scheiterte am fehlenden Geld. Aber aus Verbundenheit zu ihrer alten Heimat ließen sie sich nie in Deutschland einbürgern. So waren ihre Kinder ebenfalls österreichische Staatsbürger. Warum mein Vater vor der Naziherrschaft nicht deutscher Staatsbürger wurde, darüber hat er nie gesprochen. Nach dem »Anschluss« Österreichs an Hitlerdeutschland im März 1938 wurden die Österreicher »eingedeutscht«, also Reichsdeutsche. Mein Vater nicht. Er war emigriert und galt als Staatenloser. Er blieb dies auch, als er den Deutschen in die Hände fiel. Die machten ihn im Gefängnis und später im KZ natürlich auch nicht zu ihrem Staatsbürger. Dann, als Europa befreit war und mein Vater hauptamtlicher Funktionär der KPD wurde, fand die Partei, es könne zweckmäßig sein, wenn er die wieder existente österreichische Staatsbürgerschaft behielte.
Als die Partei dies nicht mehr als zweckmäßig erachtete, fanden die in den mittlerweile gefestigten westdeutschen bürgerlichen Strukturen Tonangebenden es unzweckmäßig, Kommunisten wie

meinen Vater und deren Familienangehörige zu Deutschen zu machen – obgleich meine Mutter, mein Vater und ich natürlich de facto Bundesbürger waren.

Nach dem KPD-Verbot 1956 ging mein Vater in die DDR, Mutter und ich lebten mit unseren österreichischen Papieren zunächst weiter in der BRD. Die uns erteilten Aufenthaltsgenehmigungen galten für immer kürzere Zeiträume – ein halbes Jahr oder gar nur ein Quartal. Nicht selten endeten die jeweiligen Aufenthaltsgenehmigungen kurz vor den Schulferien. Dann musste meine Mutter ihren Pass abgeben, und wir saßen wie auf Kohlen, weil wir Papa in der DDR besuchen wollten. In dieser ungewissen Lage befanden wir uns auch vor dem Umzug 1959.

Eines frühen Morgens klingelte es.

»Frau Harter«, rief es von der Haustür hoch, »wir bringen Ihnen etwas.«

Sie brachten aber nicht den Pass. Die beiden Polizisten wiesen einen Durchsuchungsbefehl vor. »Gefahr im Verzug« lautete die unglaubliche Begründung.

Die Durchsuchung dauerte von 7.30 Uhr bis in den frühen Nachmittag. Natürlich fanden sie nichts: Was hätten sie auch finden sollen oder wollen?

Als sie sich alle im Besitz meiner Eltern befindlichen Fotos anschauten, so wie sie vorher jedes Handtuch und jedes Wäschestück demonstrativ auseinandergefaltet hatten, entdeckten sie das Bild von Julie und Ivan Meyerstein.

Wer das sei, fragten die Beamten, und als meine Mutter diese Frage beantwortet und erklärt hatte, dass ihre Eltern ins Warschauer Ghetto deportiert worden waren, erkundigten sie sich nach deren weiterem Verbleib. »Wahrscheinlich wurden sie in Auschwitz vergast«, sagte meine Mutter.

»Oh, das tut uns leid«, kam es unisono.

»Davon merke ich nichts«, erwiderte meine Mutter sarkastisch.

Am Ende der Durchsuchung fertigten die Beamten ein Protokoll an und baten meine Mutter, dieses zu unterschreiben.

Sie lehnte das Ansinnen ab. »Ich denke nicht daran, Ihr Vorgehen durch meine Unterschrift noch zu legitimieren.«

»Linientreu«, kommentierte einer der Polizisten.

Von Mitleid, das sie angesichts des Schicksals der Großeltern pflichtschuldig geheuchelt hatten, war keine Rede mehr.

Kurz danach erhielten wir unsere Papiere und zogen von Deutschland West nach Deutschland Ost.

Ich bin bis heute dankbar, dass ich gute drei Jahrzehnte meines Lebens ohne Kapitalismus verbringen durfte.

Katja Jonas und der Antifaschist Ernst Harter in der DDR

Mein Vater war im »Komitee der Antifaschistischen Widerstandskämpfer« der DDR aktiv. Er sprach in Schulen, Berufsschulen, bei den Jungen Pionieren, auf Gewerkschafts- und Betriebslehrgängen, vor Angehörigen der NVA und der Volkspolizei. Er sprach über den antifaschistischen Widerstandskampf und über seine Zeit in Gefängnissen und Konzentrationslagern. Er war ein Zeitzeuge.

Charakteristisch für ihn war, dass er bei seinen Vorträgen weniger über sich selbst und über die alltägliche Grausamkeit in den Konzentrationslagern sprach, sondern vor allem über die politischen Verhältnisse im Faschismus und darüber, wer aus Wirtschaft, Politik und Militär die Steigbügelhalter Hitlers waren.

Mitte der achtziger Jahre erkrankte mein Vater schwer. Er litt in zunehmendem Maße an Depressionen. Immer seltener wurden jene Stunden, die er nicht qualvoll verbrachte. Dann sprach er über die Zustände in der Welt, die er fast bis zum Schluss verfolgte. Die politische Entwicklung – etwa den Zusammenbruch der Sowjetunion und der anderen sozialistischen Staaten – konnte er nicht mehr verkraften. Er starb am 28.April 1995. Bis zu seinem Ende war er bei klarem Bewusstsein.

Einer der Genossen, die mein Vater in Sachsenhausen kennengelernt hatte, war Horst Jonas, 1914 in Bremerhaven geboren, deutscher Kommunist und Jude. Als Org.-Leiter des illegal arbeitenden Kommunistischen Jugendverbandes (KJVD) in Leipzig wurde er 1935 verhaftet, zu über vier Jahren Zuchthaus verurteilt und danach ins KZ Sachsenhausen überstellt. Horst war ein Mensch von außerordentlichem Mut. Mein Vater berichtete – an den Zeitpunkt und an Einzelheiten des von ihm Geschilderten erinnere ich mich nicht mehr –, dass eine Gruppe jüdischer Häftlinge aus Sachsenhausen auf Transport gehen sollte. Sie verschanzten sich in den Waschräumen unter maßgeblichem Einfluss von Horst Jonas. Werner, dem Sohn, hatte Horst darüber folgendes erzählt: Sie hätten für den Transport eine spezielle Drillich-Kleidung und Holzschuhe erhalten. Es sei bekannt gewesen, dass Häftlinge, die so »bekleidet« deportiert wurden, für den sofortigen Tod bestimmt gewesen waren, und so hätten sie sich verschanzt, weil sie lieber an Ort und Stelle sterben wollten. Warum die SS diese Häftlinge nicht sofort ermordete, wusste auch Horst Jonas nicht. Später seien sie einzeln deportiert worden.

Horst Jonas kam nach Auschwitz, wurde dort Lagerelektriker und kam dadurch auch ab und an ins Frauenlager. Dort lernte er seine spätere Frau Katja, eine slowakische Jüdin, kennen. In der DDR arbeitete er in Leitungsfunktionen bei der Volkspolizei, später als Chefredakteur einer SED-Bezirkszeitung und in den letzten Lebensjahren als Bürgermeister von Neubrandenburg.

Horst Jonas und mein Papa konnten voneinander nicht wissen, dass sie überlebt hatten. Und als sie sich zufällig wiedertrafen, war die Freude groß. Die Familien Jonas und Harter freundeten sich an. Horst starb 1967 an Krebs. Nach der »Wende« wurde seine mutige Tat im Rahmen einer Ausstellung in Sachsenhausen dokumentiert. Die Darstellung stimmte mit der meines Vaters überein. Nur eines vergaßen die Ausstellungsmacher zu erwähnen: dass Horst Jonas Kommunist war und es Zeit seines keine 53 Jahre währenden Lebens auch blieb.

Katja Jonas, seine Witwe, zog später von Neubrandenburg nach Berlin. Über sie will ich zwei Geschichten erzählen.

Vor rund dreißig Jahren, Ende 1992, war ich in der Sendung »Zur Person« bei Günter Gaus zu Gast. Einer der Briefe, die ich danach erhielt, kam von dem Westberliner Kaufmann D., der mir unbekannt war. Die Sendung habe ihn davon abgebracht, Rote und Braune einander gleichzusetzen, schrieb er mir. Er berichtete kurz über sein Leben und teilte auch mit, er sei mit siebzehn Jahren aus dem Arbeitsdienst faktisch in die SS eingezogen worden, habe als Funker in einem Panzer am Russlandfeldzug teilgenommen und sei seit langem überzeugter Antimilitarist. Er wolle mich gern persönlich kennenlernen. Ich war aufgeregt. Niemals – von meinem Erdkundelehrer in Westerholt abgesehen – hatte ich einen SS-Mann persönlich getroffen, und niemals hatte ich auch nur im Entferntesten den Wunsch verspürt, einen solchen kennenzulernen. Ich sprach mit meiner Mutter.

»Wie alt war der damals«, fragte sie gleich.

»Siebzehn«.

»So alt wie unser Sascha jetzt«, sagte sie nachdenklich. »Triff dich ruhig mit ihm. Wirst ja sehen, was das für einer ist.«

Wieder daheim, rief ich Herrn D. an und verabredete mich. Kurz danach meldete sich meine Mutter und bat darum, ihn lieber nicht zu treffen – Papa sei strikt dagegen.

»Zu spät«, entgegnete ich ihr, ging danach aber noch einmal zu meinen Eltern. Das Argument meines Vaters lautete: »Mit einem SS-Mann trifft man sich nicht, auch wenn er kein KZ-Wächter war. Ebenso gut hätte er einer werden können.«

Meine Mutter versuchte zu beschwichtigen. »Er war doch erst siebzehn, noch ein halbes Kind.«

»Du hättest diese halben Kinder im KZ mal erleben sollen«, lautete seine Antwort.

Ich habe Herrn D. kennengelernt. Er selbst warnte mich davor anzunehmen, es gäbe viele ehemalige SS-Angehörige wie ihn. Er gelte auf Grund seiner politischen Haltung unter »alten Kameraden« als Verräter.

Ich glaube, er war ein anständiger Mensch. Ich habe ihn gefragt, ob er an Kriegsverbrechen beteiligt war. Er verneinte und relativierte zugleich. Auf dem Rückzug hätten sie mit ihren Panzern ganze russische Dörfer in Brand geschossen.

»Waren Menschen in den Häusern?«, fragte ich.

»Das wussten wir nicht, und es war mir damals auch egal. Für diese Gleichgültigkeit schäme ich mich seit langem.«

Mein Vater blieb strikt bei seiner Ablehnung. Er hat aber meiner Mutter, die dann Herrn D. und mich ein paar Mal zum Kaffee einlud, nie Vorwürfe gemacht. Er setzte sich aber nie zu uns. So war er: prinzipiell und tolerant zugleich. Eine seltene Mischung.

Nach dem Tod ihres Mannes war Katja Jonas nach Berlin umgezogen und lebte in unmittelbarer Nachbarschaft meiner Eltern. Sie schaute oft bei ihnen vorbei. Unangemeldet. Während einer der seltenen Besuche von Herrn D. stand Katja vor der Tür. Ich erschrak fürchterlich. Meiner Mutter ging es ebenso. Notgedrungen stellte ich die beiden einander vor.

Die zwei fanden sich offenkundig auf Anhieb sympathisch. Ein Gespräch entwickelte sich und führte in die Vergangenheit. Ich fürchtete, Katja würde vielleicht irgendwann ihre Jacke ausziehen. Auf ihrem Unterarm war die Auschwitznummer eintätowiert.

Ich entschied mich, die Kontrolle zu übernehmen, egal mit welchen Folgen.

»Hört mir bitte einen Moment zu«, unterbrach ich das Gespräch. »Ich muss euch nämlich etwas sagen: Katja, Herr D. war bei der Waffen-SS. Und Herr D.: Katja Jonas war in Auschwitz.«

Schweigen. Dann fragte Katja: »Wie alt waren Sie, als Sie SS-Mann wurden?«

»Keine achtzehn.«

»Ich war nicht viel älter, als ich nach Auschwitz kam. Diese Verbrecher. Was die mit uns gemacht haben.«

Was ich bei diesem Großmut empfand, kann ich nicht in Worte fassen. Die Unterhaltung der beiden wurde dann sehr konkret – eine Geschichtsstunde äußerst seltener Art.

Wenige Monate vor dem Ende der DDR lief im – wie wir damals noch immer sagten – Westfernsehen die von Lea Rosh gemeinsam mit dem Historiker Eberhard Jäckel gedrehte vierteilige Dokumentation »Der Tod ist ein Meister aus Deutschland« über den Völkermord an den europäischen Juden. Ich sah mir den Film bei meinen Eltern an, und auch Katja kam an den vier Abenden zu ihnen. Einiges kommentierte sie. Als zum Beispiel über das bestialische Morden rumänischer Antisemiten berichtet wurde, murmelte sie vor sich hin: »Ach, deshalb gab es in Auschwitz gar keine rumänischen Juden.«

Wenn dann der Film zu Ende war, begann sie, Geschichten über Auschwitz zu erzählen. Das tat sie sonst nicht. Sie berichtete, wie ihre aus demselben Dorf stammende Freundin freiwillig auf den LKW geklettert war, der Menschen zu den Gaskammern brachte. Sie habe die Freundin angefleht, das nicht zu tun, aber diese habe ihr gesagt, sie halte es nicht mehr aus. Ein SS-Mann, so Katja, wäre zu ihr stets recht freundlich gewesen, weil er in sie verliebt gewesen sei. Eines Morgens trat dieser SS-Mann eine Cousine von Katja tot, weil sich diese nicht mehr von ihrer Pritsche hatte erheben können. Als der SS-Mann Katja ansprach, sagte sie zu ihm: »Sie haben gerade meine Cousine totgetreten …«

Katja war eine ungewöhnliche Schönheit. Die habe ihr mindestens einmal das Leben gerettet. Katja arbeitete im Effektenlager, Kanada genannt, in der die Sachen sortiert und aufbewahrt wurden, die den neueingetroffenen Häftlingen abgenommen wurden. Sie gab einem Jungen, der nur noch Fetzen am Körper hatte, Unterwäsche. Einem SS-Aufseher fiel das auf. Er wollte wissen, von wem der Junge die Wäsche erhalten habe. Der Junge schwieg. Der Scherge begann zu prügeln. Katja sagte ihm, er könne aufhören: Sie habe dem Jungen die Kleidung gegeben.

Der SS-Mann schickte sie zum Tor. Dort warteten jene, die am Ende des Tages erschossen werden sollten. Es seien dann zwei SS-Offiziere vorbeigekommen und einer habe sie gefragt, warum sie dort stehe. Nachdem sie die Frage beantwortet hatte, sagte der Offizier zu ihr: »Verschwinde!«

»Das hat er nur gemacht, weil ich so schön war«, erklärte sie mir – nicht aus Eitelkeit. Die war ihr fremd.

Ich schlug Katja vor, ich würde all ihre Geschichten aufschreiben. Sie lehnte kategorisch ab. Ich wiederholte den Vorschlag mehrmals, und ebenso oft erhielt ich eine Absage. Ich verstand das nicht. »Ich will es doch gar nicht veröffentlichen«, sagte ich zu ihr. »Und wenn, dann nur mit deinem Einverständnis und natürlich von dir autorisiert. Warum willst du das denn nicht?«

»Wenn die DDR bliebe, so würde ich wahrscheinlich einverstanden sein. Aber so! Wer weiß, was noch alles kommt. Ich habe Kinder, Vera und Werner, und ich habe Enkel. Nein, ich will das nicht.«

Wie weitsichtig, wie realistisch.

Besuch in Auschwitz 2007

Nach der Wende lernte ich Kurt Goldstein[1] kennen. Er hatte in Spanien gegen die Faschisten gekämpft und die Konzentrationslager Auschwitz und Buchenwald überlebt. Am »Tag der Opfer des Faschismus«[2], der in der DDR alljährlich auf dem Berliner Bebelplatz mit einer Kundgebung begangen wurde, an der Zehntausende teilnahmen, hatte der Rundfunkmann stets übersetzt, wenn spanische oder französische Kameraden sprachen. Goldstein war in der DDR bekannt, und als wir durch die PDS miteinander zu tun bekamen, war er der Ehrenpräsident des Auschwitzkomitees.

Kurt war ein zutiefst beeindruckender Mensch. Eines Tages fragte er mich, ob ich schon einmal in Auschwitz gewesen sei. Als ich verneinte, sagte er irgendwie rigoros: »Dann fahr auch nicht mehr hin.«

Erstaunt erkundigte ich mich nach dem Grund für seine Reaktion. »Du läufst dort buchstäblich auf der Asche deiner Familienangehörigen. Wenn man älter wird, wird auch die Haut dünner.«

Ich grübelte, ob ich seinem Rat folgen sollte oder nicht. In mir reifte der Gedanke, dass ich fahren würde, wenn unser Sohn Sascha mich begleitete – und nur dann. So besprach ich es auch mit Pedro, meinem Mann. Sascha sagte sofort ja.

Am 26. Mai 2007 checkten wir in einem Hotel in Katowice ein. Oświęcim lag keine vierzig Kilometer entfernt. Nachts machte ich kein Auge zu. Ein Grauen hatte mich erfasst.

Am nächsten Morgen machten wir uns auf den Weg. Im einstigen Stammlager schlossen wir uns einer deutschen Gruppe an.

Eine Polin, die glänzend deutsch sprach, führte uns mit von tiefer Empathie getragener Sachkunde durch das Lager. Ich kann und will nicht versuchen, all die Eindrücke dieses Tages in Auschwitz zu schildern.

Auf den Koffern hinter einer riesigen Glasscheibe suchte ich unwillkürlich den Namen Meyerstein. Dann stand ich fassungslos vor einer kleinen Vitrine, darin nur Schühchen von ganz kleinen Kindern. In dem Moment legte mir jemand den Arm um die Schultern. Ganz fest. Es war Sascha.

Später fuhren wir mit einem Bus weiter nach Auschwitz-Birkenau. Da war dieses in Filmen so häufig schon gesehene Tor, durch das die Züge zur Rampe fuhren, zur Selektion. In den Baracken für die, die noch arbeiten »durften«, bevor sie ermordet wurden, standen Öfchen. Nur – zum Heizen hatten die Menschen nichts. Die Temperaturen dort können im Winter bis zu 30 Grad unter null gehen.

Die Führung durch das Lager Birkenau endete dort, wo eine Million Menschenleben ausgelöscht wurden – bei den von der SS in letzter Minute gesprengten Gaskammern und Krematoriums-Öfen. Die Öfen waren von Topf & Söhne in Erfurt produziert worden. Eine Frau aus der Gruppe fragte, ob die Ingenieure der Firma gewusst hätten, wofür sie die Öfen montieren.

Die Polin schaute ein wenig irritiert und antwortete dann brüsk: »Natürlich haben sie es gewusst.«

Ein wenig später fragte jemand anderes aus der Gruppe, wie lange die Führung noch dauere. Es sei so heiß.

Sascha war empört. »Haben die nicht zugehört. Ein heißer Tag ist für die ein Problem. Und so blöde Fragen, ob die Ingenieure etwas wussten oder nicht ...«

Ich nahm ihn bei der Hand und sagte: »Reg dich nicht auf. Lass uns schweigend zum Tor zurückgehen und an jene in unserer

Familie denken, die wir nie kennenlernten und die hier und andernorts ermordet wurden«.

Anmerkungen

1 Kurt Julius Goldstein (geboren am 3. November 1914, gestorben am 24. September 2007) kämpfte in den Internationalen Brigaden im spanischen Bürgerkrieg, überlebte Auschwitz und den Todesmarsch nach Buchenwald. Goldstein war Ehrenvorsitzender des Internationalen Auschwitz-Komitees und der Vereinigung der Verfolgten des Naziregimes/Bund der Antifaschisten. Im Verlag edition ost erschien 1996 seine von Rosemarie Schuder und Rudolf Hirsch verfasste Biografie: »Nr. 58866: Judenkönig«.
2 Der internationale Gedenktag für die Opfer des Faschismus war ein von 1952 bis 1990 in der DDR stattfindender Gedenk- und Mahntag und fand jährlich am 2. Sonntag im September statt.

Bremke bei Göttingen:
die Wurzeln der Meyersteins

Nach dem Tod meiner Mutter im Sommer 1999 entschloss ich mich, im Rahmen meiner Besuche in Göttingen (dort lebt Wera, meine Freundin aus den Westerholter Kindheitsjahren) einen Abstecher nach Bremke zu machen. Das Dorf liegt nur etwa vierzehn Kilometer von Göttingen entfernt. Dort fand ich – außer dem allgemeinen Empfinden, »hier also haben sie gelebt, von hier wurden sie vertrieben und später dann aus Göttingen deportiert« – nur wenig Konkretes, was mich an meine Familie erinnerte.

Von der Gaststätte »Mutter Jütte« hatte meine Mutter hin und wieder gesprochen und vom Schlösschen, wohin sie öfter tanzen gegangen sei, bis es Juden nicht mehr erlaubt war. Die Gaststätte existierte unverändert, rustikal nach wie vor, und das Schlösschen war jetzt ein Bildungs- und Tagungshaus. Ich schlenderte durch das schöne Dorf, und wenn ich Kinder sah, musste ich unwillkürlich an die Erzählung meiner Mutter denken. Sie sei nach der Machtübergabe an die Nazis durch den Ort gegangen, und Kinder, die früher freundlich gegrüßt hatten, hätten nun vor ihr ausgespuckt und sie »Judenhilde« geschimpft. Das sei einer der Gründe gewesen, das Land zu verlassen.

Irgendwann im vierten Quartal 2002 meldete sich telefonisch ein Eike Dietert bei mir. Der Name sagte mir nichts. Er arbeite gemeinsam mit Tonia Sophie Müller, so erklärte er, an einer Dokumentation über die jüdische Familie Meyerstein in Bremke und Göttingen. Die Dokumentation käme als Sonderdruck im Rahmen des Göttinger

Jahrbuchs heraus. Er hätte noch ein paar Fragen und hoffe, dass ich sie ihm beantworten könne. An die Fragen erinnere ich mich nicht mehr, sehr wohl aber daran, dass ich ihm nach dem Telefonat den letzten Brief meiner Großeltern vor ihrer Deportation schickte.

Am 25. Februar 2003 übermittelte Eike Dietert mir zwei Dokumentationen. Eine davon war für meine damals noch lebende Tante Irma in den USA gedacht. Ich wusste, sie war in einem Heim. Ich besaß ihre Telefonnummer und rief sie an, um ihre Adresse zu erfragen. Sie war jedoch bereits in einem so hohen Maße dement, dass sie mir nicht sagen konnte, wohin ich das Heft schicken konnte.

Im Sommer 2017 besuchten meine Göttinger Freundin Wera und ich gemeinsam Bremke und spazierten zu einer kleinen Waldbühne. Von dort kamen Kinderstimmen. Wir setzten uns zu den anderen. Ein Mann kam auf uns zu und machte uns klar, dass wir Eintritt zahlen müssten. Das taten wir und kamen ins Gespräch. Er habe uns in Bremke noch nie gesehen, sagte er, ob er fragen dürfe, *wen* wir hier besuchten.

»Wir kennen hier niemanden«, entgegneten wir, seien nur so da.

Nur *einfach so* käme niemand nach Bremke, sagte der Mann.

Ich erwiderte, Angehörige meiner Familie hätten vor langer Zeit hier gelebt.

Wie die denn geheißen hätten, setzte er nach.

»Der Name wird Ihnen vermutlich nichts sagen«, äußerte ich, um ihn dann doch zu nennen: »Sie hießen Meyerstein.«

Natürlich sage ihm der Name etwas, das sei doch eine jüdische Familie gewesen.

Ich fragte ihn geradeheraus: »Wenn das im Dorf bekannt ist, warum erinnert dann nichts an sie?«

Der Mann offenbarte sich: »Ich war hier mal Bürgermeister, und wir haben im Ortsrat seinerzeit über dieses Thema gesprochen.

Doch eine Mehrheit befürchtete, solche Erinnerungszeichen könnten Nazis aus der Umgebung anlocken, und so blieb es beim Nichterinnern.«

Nach kurzem Überlegen fuhr er fort: »Es wusste allerdings niemand hier, dass Menschen aus der Familie Meyerstein überlebt haben und dass es Nachkommen gibt. Es wäre einen Versuch wert: Schreiben Sie an unsere Bürgermeisterin. Sie ist ein sehr aufgeschlossener Mensch.«

Ich versprach, seinem Hinweis zu folgen und wandte mich im September 2017 an Bremkes Bürgermeisterin.

Sehr geehrte Frau Dr. Karin Jürgens,
mein Name ist Ellen Brombacher. Ich bin die Tochter von Brunhilde Meyerstein. Die jüdische Familie Meyerstein in Bremke und Göttingen findet in einer Dokumentation von Tonia Sophie Müller unter Mitarbeit von Eike Dietert ihre späte Würdigung. Dafür bin ich zu tiefem Dank verpflichtet.[1]

Als ich in diesem Sommer seit den neunziger Jahren erstmalig wieder in Bremke weilte, hoffte ich, dass es im Ort eine Erinnerung an die von den Nazis mehrheitlich ausgerotteten Meyersteins geben würde. Das ist leider nicht der Fall. Es hat mich auch schmerzlich berührt, dass ich im Dorf keinen Hinweis auf den jüdischen Friedhof finden konnte.

Ich möchte Sie herzlich bitten, meinen Brief dem Ortsrat Bremke zur Kenntnis zu geben und zu beraten, wie man im Dorf der Familie Meyerstein gedenken kann. Es ist dies nicht schlechthin ein privates Anliegen, sondern ein gleichermaßen antifaschistisches.

Ich bin natürlich bereit, mich an entstehenden Kosten zu beteiligen und warte mit Spannung auf Ihre Antwort.
Mit freundlichen Grüßen
Ellen Brombacher

Am 9. September 2017 antwortet Karin Jürgens. Meine Bitte werde im Ortsrat behandelt, mehr könne sie zum jetzigen Zeitpunkt leider noch nicht mitteilen, das Ergebnis der Diskussion sei offen. Jedoch: »Es war mir wichtig, Ihnen eine erste Rückmeldung zu geben, dass ich Ihren Brief erhalten habe und mich Ihrem Wunsch und der Aufgabe nach Gedenken und Erinnerung engagiert annehmen werde.«

Am 22. November 2017 schrieb mir die Bürgermeisterin erneut und teilte mit, dass der Ortsrat gemeinsam mit dem Heimatverein auf einem Treffen, an dem auch Eike Dietert teilgenommen habe, beschlossen hat, »dass wir uns gemeinsam mit dem Ortsheimatpfleger für die Erstellung einer Erinnerungstafel hier in Bremke einsetzen werden. Dies soll mit Hilfe der inhaltlichen Beratung von Eike Dietert erfolgen.«

Als erstes werde nun nach Finanzierungsmöglichkeiten gesucht und auch die nötigen Absprachen mit der jüdischen Gemeinde und der Verwaltung des jüdischen Friedhofes geführt werden. Die Tafel solle dann – »soweit die Finanzierung hoffentlich gelingt – an einem prägnanten Standort in Bremke über alle im Nationalsozialismus vertriebenen und ermordeten ehemaligen jüdischen Familien und zugleich an das jüdische Leben und die Kultur (wie die Synagoge, Mikwe, Friedhöfe) in Bremke vor dem Zweiten Weltkrieg erinnern.«

Karin Jürgens schlug vor, mich am Arbeits- und Planungsprozess zu beteiligen und fragte, ob sie nach Berlin kommen solle oder ob »wir Sie alternativ nach Bremke einladen dürfen«. Sie kündigte an, dass Rolf Bergmann, der Ortsheimatpfleger, voraussichtlich vom 7. bis 11. Dezember in Berlin sei und ich ihn sehen wolle oder könne..

Wir trafen uns am 9. Dezember 2017. Der pensionierte Lehrer berichtete mir über seine Arbeit als Ortsheimatpfleger und gab mir eine Übersicht über Veranstaltungen zu »Juden in Bremke«. Dem Material entnahm ich zum Beispiel, dass die letzte Beerdigung auf dem jüdischen Friedhof von Bremke 1936 stattgefunden hatte. Die Beigesetzte war Selma Meyerstein.

Die anderen Familienmitglieder, die die Jahre von 1933 bis 1945 nicht überlebten, haben – wie Paul Celan in der »Todesfuge« schrieb – »ihr Grab in den Lüften, da liegt man nicht eng«.

So Bertha Meyerstein, geborene Oppenheim, am 23. Juli 1942 nach Theresienstadt deportiert. Da war sie 85 Jahre alt! Eine Todesfallanzeige existiert, datiert vom 26. Januar 1943. Angebliche Todesursache: Darmkatarrh.

Ebenfalls erhalten ist eine Todesfallanzeige für Max Meyerstein, Berthas Mann, geboren am 7. Juni 1857, gleichfalls am 23. Juli 1942 nach Theresienstadt deportiert und dort am 26. Januar 1943 angeblich an Darmkatarrh verstorben.

Bertha und Max Meyerstein waren meine Urgroßeltern.

Eine weitere Anzeige aus Theresienstadt dokumentiert den Tod von Hermann Meyerstein, geboren 1858. Angegebene Krankheit: Altersschwäche. Angebliche Todesursache: Herzschwäche.

Dieser Zynismus nahm mir die Luft.

Mindestens vierzig Menschen aus der Familie Meyerstein wurden von den Nazis ermordet. Ihre Namen finden sich in der Dokumentation von Eike Dietert und Tonia Sophie Müller.

Bei allen Namen ist das Datum ihrer »Abfahrt« exakt angegeben. Von 29 Deportierten weiß niemand, wohin sie gebracht wurden und wo und wie sie zu Tode kamen.

Sie sind einfach »verschollen«.

Am 30. Dezember 2017 traf ich mich mit Einwohnern von Bremke. Die Bürgermeisterin Karin Jürgens hatte das Treffen organisiert. Eingangs sprach ich über meine Familie, vor allem über meine Mutter, und gleichermaßen über die Notwendigkeit des Antifaschismus. Das anschließende Gespräch verlief in einer mich sehr berührenden, sensiblen Atmosphäre. Ich machte keinen Hehl daraus, dass ich nichts von Behauptungen halte, Deutsche seien per se Antisemiten. Meine Eltern hätten mich ohne jeden Deutschenhass erzogen.

Eine Teilnehmerin – ihr Name sei »Andi« sagte sie – fragte mich daraufhin, wie ich mir dieses Verhalten, besonders das meiner Mutter, erklärte.

Ich kam noch einmal darauf zurück, dass meine Eltern Kommunisten gewesen seien, und ich sei auch eine. »Ich bin allerdings mit dem Vorsatz zu Ihnen gekommen, hier niemanden zu agitieren«, sagte ich. Aber diese Frage könne ich nur politisch beantworten. Meine Eltern hätten mir erklärt, warum der Völkermord und Terror der Nazis untrennbar mit dem von Hitlerdeutschland entfesselten Krieg verbunden gewesen seien und dass der Krieg zuvörderst im Interesse des deutschen Kapitals geführt wurde.

Da die deutschen Männer an der Front gebraucht wurden, sei der Einsatz von KZ-Häftlingen und Zwangsarbeitern für die Aufrechterhaltung vor allem der deutschen Kriegswirtschaft unabdingbar gewesen. Und hier komme Marx ins Spiel. Der habe die Mehrwertproduktion durch das Verhältnis von notwendiger und Mehrarbeitszeit erklärt. Die notwendige Arbeitszeit sei die, die – entlohnt – erforderlich ist, damit der Arbeiter die zur Reproduktion seiner Arbeitskraft notwendigen Dinge gewährleisten kann. »In Auschwitz«, so sagte ich in aller Härte, »musste die SS nicht für die Reproduktion der Arbeitskraft von Häftlingen sorgen. Es kamen ja jeden Tag neue Transporte mit neuen Arbeitskräften. Das sofortige Schicksal der Ankommenden, die nicht arbeiten konnten, ist bekannt. Die für die Arbeit Herausgesuchten lebten im Schnitt noch drei Monate. Dann waren sie ›verschlissen‹. Eine Reproduktion von Arbeitskraft war nicht vorgesehen. So etwas bringt eine Mehrwertrate von annähernd 100 Prozent.« Vernichtung durch Arbeit, hieß die Losung.

Mit solcherart Erklärungen hätten die Eltern meinen Hass nicht auf *die Deutschen*, sondern auf das kapitalistische System gelenkt. So etwa beantwortete ich die Frage nach dem Geheimnis, warum ich ohne Deutschenhass lebe.

Am 11. November 2018 versammelten sich vor dem Gemeindehaus in der Heiligenstädter Straße 36 wohl zwischen fünfzig und sechzig Menschen, um der unter Hitler verfolgten und ermordeten jüdischen Einwohner Bremkes würdig zu gedenken. Die Bürgermeisterin Karin Jürgens, die Pfarrerin Insa Sternhagen und der Ortsheimatpfleger Rolf Bergmann erinnerten an die jüdischen Opfer der Nazis aus Bremke und forderten zugleich Solidarität mit in der Gegenwart Verfolgten, besonders mit Asylbewerbern und Flüchtlingen. Diesen Gegenwartsbezug hätte meine Mutter unbedingt so gewollt.

Eine kleine Musikgruppe begleitete die Veranstaltung mit jiddischen Liedern, und nach einer knappen Stunde verließen wir die Wiese vor dem Gemeindehaus und überquerten die Straße. Auf der anderen Seite befand sich die Erinnerungstafel, zu deren Enthüllung ich eine kurze Rede hielt.

»Danke, dass Sie hier sind. Ich bin vor drei Monaten zum zweiten Mal Oma geworden. Wenn man so ein kleines Kind im Arm hält, dann spürt man das Urvertrauen. Unvorstellbar, dass Mütter mit ihren kleinen Kindern in Waggons gepfercht und gleich nach der Ankunft im Lager in die Gaskammern geschickt wurden. Unvorstellbar. Und doch ist es geschehen. Millionenfach.

Es gibt eine große Illusion: Wenn Unfassbares geschehen ist, dann sensibilisiert dieses Unfassbare derartig, dass es sich nicht wiederholen kann. Doch, es kann sich wiederholen, wenn wir es nicht verhindern. Die Rechten sind wieder stark geworden. In Deutschland, in Europa.

Ich möchte das Gedenken auch an meine Familie nicht nur als einen ehrenden Blick zurück verstehen. Es geht um einen mahnenden Blick in die Zukunft. Ich bin dankbar für das, was heute hier geschieht – besonders der Ortsbürgermeisterin Frau Dr. Jürgens und auch dem Heimatverein, der evangelischen Kirchengemeinde sowie Tonia Sophie Müller und Eike Dietert.

Meine Mutter, die die Zeit des Faschismus überlebt hat, ist nie wieder nach Bremke zurückgekehrt. Der Schmerz wäre wohl zu groß geworden. Aber ich weiß, dass sie damit einverstanden gewesen wäre, dass ich nach Bremke gekommen bin und dass ich heute hier mit Ihnen zusammen bin.

Ich danke Ihnen.«

Im Anschluss fanden wir uns im Gemeindehaus ein. Dorfeinwohner kamen zu mir, und es wurden durchweg berührende Gespräche – fast auf den Tag genau achtzig Jahre nach der sogenannten Reichspogromnacht. Mein Großvater kam damals nach Buchenwald. Von dort kehrte er zurück und dürfte geahnt haben, was bevorstand, als sich meine Großmutter und er auf die Deportation vorbereiteten.

Es ist inzwischen üblich: Wenn ich in Göttingen bin, besuche ich Bremke. Karin, Rolf und Andi sind mir Freunde geworden. Lange schon ist das »Du« zwischen uns selbstverständlich.

Eine Bremker Geschichte ist noch zu erzählen.

Im April 2019 schickte mir Karin Jürgens eine E-Mail. Bei ihr habe sich ein Michael Meyerstein aus Großbritannien gemeldet. Er sei mit seiner Frau vom 13. bis 20. Juni in Krakau und Prag, um Auschwitz und Theresienstadt zu besuchen. Sie wollten ihre Reise in Bremke beenden, da sein Großvater Moritz Meyerstein von dort stamme. Karin berichtete in ihrer Antwort über die Erinnerungstafel und erwähnte mich in diesem Zusammenhang.

So erfuhr Michael Meyerstein von einer Verwandten in Berlin und ich von einem Verwandten in Großbritannien.

Am 21. Juni 2019 trafen wir uns auf dem Parkplatz vor dem Gasthaus »Mutter Jütte« in Bremke. Da Michaels Frau Margaret die Besuche in Auschwitz und Theresienstadt noch nicht verkraftet hatte und sich schlecht fühlte, kam er allein. Mit Rolf Bergmann war besprochen, dass er nach etwa zwei Stunden zu uns stoßen würde, um uns durch den Ort zu führen. Karin Jürgens hätte dies gern übernommen, aber sie war im Urlaub.

Michaels Deutsch war ebenso bescheiden wie mein Englisch. Und doch funktionierte die Unterhaltung. Unsere gemeinsamen Urgroßeltern – Max und Bertha Meyerstein, umgekommen in Theresienstadt – hatten fünf Söhne, von denen einer bereits im Alter von zwei Jahren verstorben war.

Der zweite Sohn war Ivan Meyerstein, mein Großvater.

Hermann Meyerstein, der dritte Sohn, emigrierte nach Südamerika. Moritz Meyerstein, der vierte Sohn, teilte das Schicksal von Ivan und Leopold Meyerstein, dem jüngsten Sohn von Max Meyerstein. Sie wurden im März 1942 deportiert und sind »verschollen«.

Moritz' Sohn Hermann, geboren 1921, kam mit einem der Kindertransporte nach Großbritannien.

Der vor mir sitzende Michael Meyerstein ist dessen Sohn, Jahrgang 1949. Er ist also mein Cousin zweiten Grades.

Wir sprachen über die Vergangenheit und über die Gegenwart, waren voller Sorge vor den Rechtsentwicklungen und wachsender Kriegsgefahr. Er sagte, er könne nicht begreifen, wie so etwas wie Auschwitz geschehen konnte, und ob ich mir das erklären könne.

Letztlich kann ich das auch nicht. Und es mutet absurd an, dass wir beide in unserer Fantasie über das Böse überfordert waren und dennoch eine Wiederholung desselben nicht ausschlossen.

Dann kam Rolf Bergmann. Nach dem Rundgang durch den Ort aßen wir gemeinsam im schattigen Garten von »Mutter Jütte«. Irgendwie mit dem Gefühl, uns schon sehr lange zu kennen.

Anmerkungen

1   Tonia Sophie Müller unter Mitarbeit von Eike Dietert: »Die jüdische Familie Meyerstein in Bremke und Göttingen. Eine Dokumentation« In: Göttinger Jahrbuch, Bd. 50, Göttingen 2002

Kurt Gutmann, Freund der Familie und 2009 Nebenkläger im Prozess gegen Demjanjuk

Zu den besten Freunden meiner Eltern gehörten Inge und Kurt Gutmann. Ich möchte hier besonders an Kurt erinnern, weil auch er mit einem Kindertransport nach Schottland kam.

Als Kurt als Nebenkläger für den am 30. November 2009 beginnenden Prozess gegen Iwan Demjanjuk[1], den Wachmann in Sobibor[2], geladen wurde, bat er mich, ihn zum Prozessauftakt nach München zu begleiten. So erlebten wir die ersten Tage vor dem Münchener Landgericht gemeinsam. Was alles wir gefühlt und besprochen haben, ist mir im Einzelnen nicht mehr erinnerlich. Aber Kurts Bemerkung habe ich noch immer im Ohr: »Hast du seine Hände gesehen? Diese Riesenpranken. Was mag er damit alles angestellt haben?«

Vermutlich dachte Kurt Gutmann da auch an die Hände jener, die ihn als Schuljungen auf dem Heimweg überfallen hatten. Einzeln trauten sie sich nicht an ihn heran, weil er kräftig war. Gemeinsam warfen sie ihn zu Boden und prügelten ihn. Wieder und wieder. Die Mutter Jeannett kühlte ihm die blutverschmierten Wunden. Wie grauenhaft für ihn und für die Mutter. Die prügelnden Schulkameraden, so erzählte Kurt, hätten ihm, bevor sie zuschlugen, von hinten auf die Schulter geklopft. Bis heute könne er es nicht ertragen, wenn ihn jemand von hinten berühre.

Er war ein Gezeichneter. Einerseits. Andererseits konnte nichts seinen Humanismus zerstören, den ihm vor allem die Mutter von klein an mitgegeben hatte. Am 18. Februar 1927 wurde er in Krefeld geboren. Er war der jüngste von drei Brüdern, die keinen Vater mehr hatten. Der war an einer Lungenkrankheit gestorben, als Kurt anderthalb Jahre alt war.

Die Mutter brachte die Jungen durch. Sie strickte kunstvolle Decken auf Bestellung. Es kam die Nazizeit. Kurt hat darüber als Zeitzeuge im Film berichtet und Ursula Böhnke-Kuckhoff schrieb über ihn in dem wunderbaren Heftchen »Wer möchte nicht im Leben bleiben ...«[3].

Fritz, Kurts zweitältester Bruder, bekam 1934 die Möglichkeit, auf Initiative der jüdischen Gemeinde nach Schottland zu emigrieren. Nach Jahren des Martyriums kam Kurt dann im Juni 1939 mit dem letzten Kindertransport kurz vor Ausbruch des Zweiten Weltkrieges ebenfalls nach Schottland.

Ursula Böhnke-Kuckhoff beschrieb den Abschied:

»Da fuhr dann der Zug mit den winkenden jüdischen Kindern aus dem Bahnhof. Die meisten würden ihre Verwandten niemals wiedersehen. Die wenigsten wussten es. Als sie die Grenze nach Holland überquerten, begann einer zu singen und alle fielen ein: ›Nun ade, du mein lieb Heimatland ...‹. Allen war schlimm ums Herz. Sie sangen treuherzig und schon jetzt sehnsuchtsvoll. Geweint haben sie später, als sie erfahren mussten, wie böse das liebe Heimatland ihren Familien mitgespielt hatte.«

Kurt kam in ein schottisches Waisenhaus. Als der Krieg begann, rissen die letzten postalischen Verbindungen zur Familie ab. Er erfuhr noch, dass Mutter und Bruder Hans-Josef aus dem Haus der Großeltern ausziehen mussten. Sie wurden mit Leidensgenossen im ehemaligen Gemeindehaus zusammengepfercht.

Was Kurt damals nicht erfuhr: Die Mutter erhielt am 22. April 1942 die Aufforderung, sich zum Transport zu melden. Der große Bruder Hans-Josef, der noch die minimale Chance gehabt hätte, abzutauchen, begleitete sie freiwillig. Beide wurden in das Ghetto Izbica[4] deportiert. Als das Ghetto aufgelöst wurde, gehörten sie wohl zu jenen, die nach Sobibor zur Vergasung verbracht wurden. Es war in jener Zeit, als Demjanjuk dort seinen mörderischen Dienst versah.

2005 fuhr Kurt mit seiner Enkelin Tanja an den Ort, an dem seine Liebsten ermordet worden waren. Gutmanns Frau Inge, so erzählte er mir danach, habe große Sorge gehabt, ob er diese Reise nach Sobibor verkraften würde. Er habe dort in der Allee, durch welche die Menschen zu den Gaskammern geführt worden waren, für die Mutter und den Bruder Hans-Josef einen Baum gepflanzt. Nun hätten beide ein Grab und er ein wenig Ruhe gefunden. Es sei gut, dass er gefahren sei, sagte Kurt Gutmann.

Im Vernichtungslager wagten die Gepeinigten im Oktober 1943 den Aufstand, über den der 1987 produzierte britische Film »Flucht aus Sobibor« berichtet. Mit Kurt und Inge Gutmann sah ich ihn das erste Mal. »Ein schrecklicher Film«, sagte ich danach.

»Nicht nur«, erwiderte Kurt. »Sie haben sich gewehrt, haben gekämpft. In dieser scheinbar aussichtslosen Lage. Das ist doch ein optimistischer Ausblick.«

Kämpfen wollte auch Kurt. Nach einer harten Zeit im jüdischen Waisenhaus in Glasgow – inzwischen hatten die Bombenangriffe auf Großbritannien begonnen – wurde er in das Fischerdorf Annan evakuiert. Dort erlebte er in der schottischen Bäckersfamilie Shalmers ein gutes Jahr, gemeinsam mit deren Kindern. Er war dieser Familie sein Leben lang in Liebe und Dankbarkeit verbunden. Später hieß es, ins Waisenhaus zurückzukehren, und Kurt meldete sich freiwillig zur Arbeit in einem Betrieb der Rüstungsindustrie. Dort traf er auf deutsche Emigranten. Darunter Kommunisten. Er erinnerte sich: Nur einer seiner Klassenkameraden, der Sohn eines kommunistischen Bergarbeiters, hatte sich nie an den

Gewalttaten gegen ihn beteiligt, war so still solidarisch gewesen. Nun hatte Kurt in Schottland mit Genossinnen und Genossen zu tun, die ihn politisch für sein Leben prägten. Darunter Fini, die ihm wie eine Mutter war (bis zu seinem letzten Tag stand Finis Bild in seinem Zimmer), und Ernst und Ilse Langguth.

Kurt Gutmann blieb auch als Mitglied der pluralen PDS und dann der LINKEN immer Kommunist. Damals kam er zunächst in die Gruppe der seinerzeit in Großbritannien gegründeten FDJ. Die FDJler praktizierten antifaschistische Aufklärung und gestalteten Kulturstunden. Beidem – der antifaschistischen Arbeit, vor allem in der VVN/BdA, und der Kultur – blieb Kurt ein Leben lang verbunden. Leidenschaftlich wirkte er von 1985 bis 2008 als aktiver Sänger im Busch-Chor mit, dessen Ehrenmitglied er 2010 geworden war.

Mit siebzehneinhalb Jahren – früher war es nicht möglich – meldete sich Kurt Gutmann freiwillig zur britischen Armee. Im schottischen Hochlandregiment wollte er mit der Waffe in der Hand gegen die Faschisten kämpfen, musste es aber nicht mehr, weil der Krieg zu Ende ging. So kam er als Besatzungssoldat zurück in sein geistig, moralisch und materiell zerrüttetes Land – zunächst ins Ruhrgebiet. »Er hat sich seine Heimat nicht nehmen lassen«, sagte seine Tochter Elke über ihn, und ergänzte, dass er ein friedliches und gerechtes Deutschland gewollt habe. Dafür und gegen den faschistischen Ungeist habe er gekämpft bis zum Schluss. Und Sohn Hans-Joachim sagte über seinen Vater: »Er liebte die Familie und er kämpfte für Gerechtigkeit. Absolut. Im Sinne seiner Mutter. Im Sinne seiner Familie. Im Sinne seiner Freunde und Kampfgenossen. Im Sinne der Menschen.«

Weil Kurt so und nicht anders war, fand er in diesem Deutschland neue Freunde. Schmunzelnd erzählte er mir einmal, wie er in einem sehr kalten Nachkriegswinter vom Kohlenplatz des britischen Militärstützpunktes mit dem LKW vor das KPD-Parteibüro gefahren war und dort »zufällig« Heizmaterial verlor.

1948 schied Kurt aus der Armee aus und ging – da viele seiner politischen Freunde von dort kamen – nach Berlin. Zunächst arbeitete er in einem Pankower Metallbetrieb. Bis zu seiner Pensionierung war er vorwiegend als Dolmetscher und Übersetzer tätig. Im DDR-Außenhandel, bei Intertext und später bei *Radio Berlin International*.

Er hatte es – zurückhaltend formuliert – nicht immer leicht. Westemigrant, ehemaliger Angehöriger der britischen Streitkräfte und ein Bruder in Großbritannien – Anknüpfungspunkte genug für demütigendes Misstrauen. Nicht nur einmal sprach er darüber, wie ihn das schmerzte. Zugleich gab es für ihn nie einen Zweifel, dass die DDR der antifaschistische, friedensstiftende Teil Deutschlands war. Das war für Kurt das Entscheidende. Das andere waren für ihn die Beulen am Helm des Klassenkämpfers, die nicht vom Feind kamen, um es mit Herrmann Kant zu sagen. Die DDR wurde sein Land und er empfand den Verlust dieser so unfertigen und doch in praktizierten und angestrebten Grundwerten verlässlichen sozialistischen Heimat bis zu seinem Ende. Niemals hatte seine Kritik an der DDR auch nur eine Spur Denunziatorisches.

Kurt Gutmann, der am 27. Dezember 2017 starb, empfand die Welt, in der wir heute leben, zunehmend als bedrohlich. Bis zum Schluss mit wachem Verstand verfolgte er die politischen Geschehnisse, suchte das Gespräch darüber, hinterfragte manchmal sorgenvoll aktuelle Entwicklungen in seiner Partei. Die Hoffnung gab er nie auf. Davon zeugt, was er mir am 9. Januar 2005 in das kleine, sein Leben beschreibende Heft schrieb: »Die Überwindung der Ausbeutergesellschaft und ihrer Unmenschlichkeit wird erkämpft werden. Trotz alledem«.

Anmerkungen

1 John Demjanjuk (1920-2012) kollaborierte als Ukrainer mit der faschistischen Besatzungsmacht und wurde als KZ-Wächter eingesetzt. Er lebte seit 1952 in den USA. 2009 wurde er an die BRD ausgeliefert, wo er 2011 vom Landgericht München II wegen Beihilfe zum Mord an 28.060 Menschen zu einer fünfjährigen Haftstrafe verurteilt wurde. Das Urteil wurde aber nicht rechtskräftig, weil Demjanjuk verstarb, bevor das Gericht über die eingelegte Revision entschieden hatte.
2 Das deutsche Vernichtungslager Sobibor in südöstlichen Polen existierte seit 1942, dort starben nach Schätzungen etwa 250.000 Menschen im Gas.
3 Ursula Böhnke-Kuckhoff, geb. Werner (1927-2020), Gründerin der Vorschulzeitschrift Bummi im FDJ-Verlag »Junge Welt«, deren Chefredakteurin sie von 1967 bis 1990 war.
4 Izbica war ein seit 1942 bestehendes sogenannte Transitghetto südlich von Lublin. Von dort wurden die Internierten in die Vernichtungslager Belzec und Sobibor gebracht

Franz Harter, mein Onkel, den ich nicht kennenlernte, weil ihn die Nazis ermordeten

Zur Geschichte meiner Familie gehört auch Franz Harter, der große Bruder meines Vaters und dessen großes Vorbild. Im Mai 1985 erzählte Vater im Interview mit Heinz Junge über ihn:

»*Mein ältester Bruder, der 1905 geboren wurde, hat auf meine spätere Entwicklung starken Einfluss genommen. Er begann seine Lehre 1919 bei einem Klempner- und Installateur-Meister in Buer in Westfalen. Dort wurde er maßlos ausgebeutet. Täglich arbeitete er zehn Stunden – nicht nur, um sich beruflich zu qualifizieren, sondern auch im Haus und Hof des Meisters, und das alles für ein karges Taschengeld. So wuchs in Franz schon während seiner Lehrzeit der Hass gegen dieses Ausbeutungssystem, und er sagte wiederholt zu meinen Eltern: ›Bei dem nicht eine Stunde länger! Wenn ich meinen Lehrbrief in der Tasche habe, dann ist mein Arbeitsverhältnis bei diesem Krauter‹, so nannte er ihn, ›beendet‹. Und das hat er nach diesen drei Jahren auch wahrgemacht.*

Die Klassenauseinandersetzungen im Ruhrgebiet hatten auf Franz eine starke Wirkung. Er war ein unruhiger Mensch und schon während der Lehrzeit kündigte er an, wenn er die Ausbildung abgeschlossen habe, wolle er erst einmal etwas von der Welt sehen. Nachdem er ungefähr ein Jahr lang als Geselle bei einer größeren Firma in unserer Heimatgegend gearbeitet hatte, hörte er dort auf und ging auf die Wanderschaft. Zu diesem Zeitpunkt war er 18 Jahre alt und dann fast drei Jahre unterwegs. Meine Eltern haben oft monatelang nichts von ihm gehört und waren daher sehr beunruhigt. In dem schlimmen, kalten Winter 1929 kehrte er zunächst nach Hause zurück. Er hatte das Aussehen eines Landstreichers, und meine Mutter schämte sich dafür. Sie gab ihm von ihrem wenigen Geld einige Mark, damit er sich im benachbarten Essen einen ›Zweite-Hand-Anzug‹, also einen gebrauchten, kaufen konnte. Er kam aus Essen zurück und hatte sich, da seine Jacke noch einigermaßen tragbar war, nur eine Hose und ein Paar Schuhe gekauft.

Was er allerdings noch mitbrachte, waren einige fortschrittliche Bücher. So Engels ›Der Ursprung der Familie, des Privateigentums und des Staats‹ und ein Buch von Tucholsky, ›Tiere schauen dich an‹, ›Anklage gegen den preußischen Militarismus‹ sowie noch einige Bücher ähnlichen Inhalts.

Meine Mutter war darüber sehr erzürnt, und mein Bruder verließ dann nach Auseinandersetzungen mit ihr einige Tage später erneut das Elternhaus und ließ lange Zeit nichts mehr von sich hören.

Ende 1931 kam Franz zurück und schon rein äußerlich war sichtbar, dass in ihm eine große Wandlung vor sich gegangen war. Er war in der Zeit in Österreich gewesen und hatte auch eine längere Zeit in Italien verbracht. Ohne Mitglied der KPD zu sein, wurde er für die Partei aktiv. Und er las – vorrangig marxistische Werke. So wurde er, gut vorbereitet, Mitglied der Partei in der Ortsgruppe Westerholt. Das war nicht zuletzt auf den starken Einfluss des Genossen Heinrich Hoffmann zurückzuführen.

Franz war noch nicht einmal ein Jahr Parteimitglied, als ihm die Funktion des politischen Leiters des Roten Frontkämpferbundes im Untergau Recklinghausen übertragen wurde. Er muss seine Arbeit sehr gut gemacht haben, denn nur wenig später übertrug man ihm noch die Funktion des Leiters des Nachrichten-Apparates der KPD im Unterbezirk Recklinghausen der KPD.

Mein Bruder teilte in dieser Zeit das Schicksal von Millionen. Er war meist arbeitslos. So widmete er sein Leben praktisch dem politischen Kampf der KPD. Im Rahmen des RFB schloss das auch die illegale Waffenbeschaffung mit ein. Und dazu gehörte ebenso die Herausgabe der illegalen Betriebsgruppenzeitung ›Der rote Abbauhammer‹, für die Schachtanlage Westerholt sowie des ›Ruhrechos‹, wobei ich ihn unterstützte.

Mit der außerordentlichen Verschärfung der Klassenauseinandersetzungen im Laufe des Jahres 1932 mehrten sich die Einsätze des RFB gegen die zahlreicher werdenden Überfälle der SA und SS in unserem Unterbezirk.

Ich kann mich noch gut erinnern, dass insbesondere meine Mutter in steter Unruhe lebte. Wenn wir erst in den Morgenstunden zuhause eintrafen, ahnte sie, dass wir in Abwehrkämpfe gegen die Faschisten verwickelt gewesen waren. Dann kam der schreckliche 30. Januar 1933.«

Soweit aus dem Interview meines Vaters vom Mai 1985.

Im April 1933 fand eine »große Polizeiaktion« im Präsidialbezirk Recklinghausen statt, in deren Rahmen siebzig kommunistische Funktionäre in Gelsenkirchen und Westerholt festgenommen wurden. Die *Gelsenkirchener Allgemeine Zeitung* (GAZ) vom 6. Juni 1933 titelte: »Neuer gewaltiger Schlag gegen den Kommunismus«. Über »den Klempner Franz Harter aus Westerholt« hieß es darin, unter seiner Anleitung seien systematisch Geländeübungen abgehalten worden. Der 28 Jahre alte Harter habe es verstanden, einen ausgezeichneten Nachrichtendienst des RFB zu organisieren. Obendrein sei er der Verfasser einer Reihe von Flugblättern und Broschüren.

Die *GAZ* berichtete allerdings nicht über die grauenhaften Folterungen, denen die verhafteten Kommunisten ausgesetzt gewesen waren. Vor der Gaststätte Ovelgönne, die den Nazis als Versammlungslokal und Verhörzentrum diente, spielte ein SA-Spielmannszug, um die Schreie der Gemarterten zu übertönen.[1] Nach den Folterungen wurden Franz und seine Genossen in einem offenen Lastwagen durch die Straßen von Westerholt gefahren. Die Mutter erlitt bei diesem Anblick einen schweren Zusammenbruch. Franz wurde im Mai 1934 zu fünf Jahren Zuchthaus verurteilt. Seine Haft endete am 28. Mai 1938. Danach nahmen ihn die Nazis in »Schutzhaft«.

Kurze Zeit nach seiner Verhaftung brachte Martha, seine Lebensgefährtin, die gemeinsame Tochter Inge zur Welt.

Franz hat sein Kind nie gesehen.

Am 29. Juni 1938 traf er im Konzentrationslager Sachsenhausen ein. Wie lange er, schwer lungenkrank, dem Schuhläuferkommando angehörte, welches auf einer Versuchsstrecke ganztägig vor allem Salamander-Schuhe für die deutsche Wehrmacht einlaufen musste, habe ich nicht ermitteln können.

Auftraggeber für dieses mörderische Kommando war das Amt für Wirtschaftsausbau beim Reichswirtschaftsministerium, dessen Außenstelle in Sachsenhausen als »Schuhprüfstelle« firmierte. Häftlinge marschierten in militärischer Ordnung von 6 bis 17 Uhr mit unterschiedlichem Schuhwerk auf unterschiedlichem Grund. Ohne Rücksicht auf den Zustand der Gefangenen wurde im Gleichschritt marschiert, in aufgelöster Ordnung und im Stechschritt das »Schuhmaterial« belastet. Die Häftlinge mussten sich hinlegen, in die Knie gehen und auf der Stelle springen. Das Tagespensum lag bei etwa vierzig Kilometer. Die sogenannten »SK-Häftlinge« des »Schuhläufer-Kommandos« trugen dabei einen Militärtornister, der mit fünfzehn Kilogramm Sand gefüllt war.

Was eine solche Belastung für geschwächten, oft schwerkranken Menschen bedeutete, was sie ihnen abforderte, ist leicht vorstellbar. Oft brachen die Häftlinge vor Erschöpfung zusammen und waren trotz grausamer Gewalt nicht mehr auf die Beine zu bringen. Täglich, so berichteten Augenzeugen, sollen auf der 700 Meter langen »Teststrecke« zehn bis zwanzig Menschen zu Tode gekommen sein.

Der Leiter der Schuhprüfstelle, der Hochschulabsolvent und Berufsbeamte Brennscheidt (er gehörte weder der SS noch der NSDAP an), machte sich einen Spaß daraus, seinen Schäferhund auf die völlig erschöpften Menschen zu hetzen. Als die Zahl der Häftlinge in der »SK« für das Schuhlaufen nicht mehr ausreichte, wurden von der SS Zugangshäftlinge hierfür ausgewählt. Vielfach waren es Menschen, die nach monate- und jahrelanger Haft in Gefängnissen und Zuchthäusern sehr schwach auf den Beinen waren und sich in den oft zu engen Schuhen schrecklich quälten. Wenige Tage reichten aus, einen ausgemergelten Häftling, der in zu engem Schuhwerk die Strapazen des Marsches ertragen musste, zu einem menschlichen Wrack zu machen.[2]

Der 23. April 1940 ist das Todesdatum von Franz Harter. Er wurde erschossen. Den Eltern wurde mitgeteilt, er sei an einer Krankheit verstorben.

Aus seiner Haftzeit in den Zuchthäusern Münster und Glatz sowie im KZ Sachsenhausen sind insgesamt 22 Briefe und drei Postkarten erhalten geblieben. Sie werden hier erstmals publiziert.

Anmerkungen

1 Vgl. *WAZ*, Musik der SA übertönte Schreie, vom 23. Januar 1998
2 Sachsenhausendokumente, Aussagen, Forschungsergebnisse und Erlebnisberichte über das ehemalige Konzentrationslager Sachsenhausen. Herausgegeben von der Zentralleitung des Komitees der antifaschistischen Widerstandskämpfer der DDR, VEB Deutscher Verlag der Wissenschaften, Berlin 1974, 4. unveränderte Auflage 1986

Die Haftbriefe von Franz Harter an die Familie und Freunde

Strafanstalt Münster i./W.
7. Mai 1934

Lieber Heinz,

[...] als Zuchthausgefangener kann man nur alle zwei Monate einen Brief schreiben und empfangen. Deshalb ist es mir sehr lieb, wenn Du dafür sorgst, dass jeder aus unserem Familienkreis die an Dich gerichteten Zeilen als auch für sich bestimmt betrachtet.[...]

Bald werde ich 29 Jahre, ich danke dem Schicksal, das mich in die Zwangslage versetzt hat, schreiben zu müssen. Sonst hätte ich das wenige Gelernte auch noch vergessen. Die Schrift ist wenig ansprechend. Auch bitte ich Dich, die Fehler nicht zu beachten. Der gute Wille, alle noch vorhandenen Schwächen abzustreifen, ist vorhanden. Hoffentlich erreiche ich mein gesetztes Ziel (eine Handschrift, die sich sehen lassen kann und möglichst fehlerfrei). Übung macht den Meister.[...]

Zum Schluss, lieber Bruder, danke ich Euch für jeden Groschen, den ihr Euch vom Mund abgespart und mir während meiner 13 Monate U-Haft zugesteckt habt.

Schreiben an die Geschwister Heinz, Rosa und Ernestine (Tini)

29. September 1934

Liebe Rosa,

[...] Feststellen muss ich, dass Du auf einem schönen Flecken Erde Deinen Urlaub verlebt hast. [...] Hast Du dir von den Hügeln aus die Adria besehen? In mir spukt jetzt der Ausspruch Mussolinis »Niemand will den Krieg. Doch er liegt in der Luft« im Kopf herum und das ist schade. Leider schaltet hier meine Gehirntätigkeit von selbst aus. Als Zuchthäusler soll man von der Behandlung politischer Themen Abstand nehmen.

Liebe Tini,

[...] Zu Deiner naiv ehrlichen Schreibweise wäre noch zu sagen, Recht haben immer die, die die Macht haben. Der Faschismus kennt keine Meinungsfreiheit. Zu Papier bringen vernünftige Menschen nur, was man ohne Gefahr für Geist und Körper von sich geben darf. Das Autoritätsprinzip macht eine eigene Meinung auch gänzlich überflüssig. [...]

Verhindert, dass meine Tochter hungert, helft dem kleinen Fresser über die kritische Zeit hinweg. [...]

Grüßt alle diejenigen, die mich nicht für einen Verbrecher halten. [...]

Schreiben an Heinz, Rosa und Lebensfährtin Martha

24. November 1934

Liebe Martha,
Betrachten wir die Dinge einmal wie sie sind.
Der Selbsterhaltungstrieb veranlasst den Staat zum Einsatz aller Machtmittel gegen Bewegungen, die seinen Bestand bedrohen. Dezimierungsmaßnahmen sollen auch die Ausrottung der Bewegung zur Folge haben, deren Anhänger wir waren. Wir waren an dem Fortbestand der Bewegung interessiert. Zweck und Ziel und die zu überwindenden Schwierigkeiten kannten wir, also auch unser wahrscheinliches Schicksal.
Martha! Wir sind auf der Strecke geblieben. Die sich daraus ergebenden Unannehmlichkeiten müssen jetzt in Kauf genommen werden. Selbst getan. Selbst gelitten. Die begrenzte Leidenszeit ist nun einmal unumgänglich.
Deshalb wollen wir denken, wie der frierende, mit hungerndem Magen durch die Weltgeschichte ziehende Penner, der folgendes philosophisches Selbstgespräch führte: »Weib, zittere nicht. Du hast im Sommer gut gelebt, tröste Dich, der Winter geht vorüber, bald scheint die Sonne wieder«. […]

Schreiben an Bruder Heinz

16. März 1935

Die Herstellung der letzten an Euch gerichteten Schreiben fiel mir sehr schwer: Mein Gehirn war wie in einen Schraubstock gespannt. Diese erbärmliche Gemütsverfassung muss sich wohl aus den Lebensbedingungen ergeben haben, denen Strafanstalt-Insassen ausgesetzt sind. Diese depressive Stimmung habe ich überwunden und ich bin wieder obenauf und dazu hat wesentlich die Veränderung meiner Lebensmöglichkeiten beigetragen.

Seit dem 2. März befinde ich mich in Gemeinschaft, die sehr förderlich auf meinen Gesundheitszustand wirkt. Meine beiden Kameraden sind feine Kerle, mit denen ich auskommen kann. [...]

Brief an die Eltern

19. Juli 1936

Vor fast einem halben Jahr habe ich Euch das letzte Mal geschrieben. [...]
    Heinz hat mir einmal aus Nienburg an der Weser und am 17.07. aus der Umgebung von Celle geschrieben. Der Junge holt jetzt nach, was Ernst und ich früher machten. Schaden kann ihm das Umschauen in der Fremde nicht.
    Heinz bedauert es, mich nicht besuchen zu können. Er soll nicht traurig sein, es lohnt sich wegen der kurzen Zeit fast nicht und jetzt dauert es ja nicht mehr lange, dann bin ich wieder zu Hause. [...]
    Jüngst habe ich aus dem Schreiben Rosas ersehen, dass Wolf* gern einen kleinen Hund möchte. Lässt sich ein solcher nicht beschaffen? Seiner Tierliebe sollte man entgegenkommen. [...]

---

* Wolf war der Sohn von Leni und Heinz Harter

Brief an Schwester Tini und Schwager Ernst Schmalfuß

Zuchthaus Glatz
1. August 1937

Ihr beide habt es glücklich zu einem Stammhalter* gebracht. Erfreulich ist die Tatsache, dass Du liebe Schwester, alles gut überstanden hast.
   Euch und Eurem Stammhalter wünsche ich für die Zukunft alles Gute. An Euch liegt es, mitzuwirken an der Schaffung von Verhältnissen, die menschenwürdig sind und Eurem Kind ein besseres Dasein ermöglichen als uns. Unsere Pflicht ist es, unseren Nachkommen eine sichere Zukunft zu schaffen. Wenn wir verantwortungsbewusst handeln, erfüllen wir mit der Lösung dieser Aufgabe unseren Lebenszweck. [...]
   Auf Rosas Zeilen will ich kurz eingehen. In ihrem Brief bringt sie wieder einmal ihr ganzes Mitgefühl zum Ausdruck. Schreibt ihr, dass ich ihre Bemitleidung verstehen, aber nicht vertragen kann. Sie soll mir nicht böse sein. Aber ich muss es endlich sagen, dass sich mein Selbstbewusstsein dagegen auflehnt. Ich bin kein Armer, ich weiß was ich will, ich trage das sich aus meinem Wollen ergebende Los allein. Selbst getan, selbst gelitten und nichts anders. Was ich brauche ist etwas anderes wie Mitleid. Ich brauche geistesverwandte, konsequente Menschen, die das Wort mit der Tat decken.
   Bei meiner realistischen Auffassung bin ich gezwungen, mich gegen jegliche Art von Sentimentalität aufzulehnen, sagt ihr das. [...]

* Der Sohn, der Neffe von Franz Harter, hieß Gregor

Brief an Bruder Heinz Harter

5. Februar 1938

Alter Junge, wir stecken schon ein schönes Stück im Jahr 1938 drin. Bald brauche ich eure Hilfe.
Am 28. V. ist meine Zeit um. Krank und bettelarm komme ich nach Hause. Über das Jahr 1937 trotz der verfluchten Pest ziemlich gut hingekommen. Wenn ich mich in Zukunft weiterhin so leidlich auf den Beinen halten kann, will ich zufrieden sein. Wenn es besser wird, was ich stark hoffe, werde ich auch noch mal in der Lage sein, mir mein bisschen Lebensunterhalt selbst zu verdienen. [...]
Heinz, jetzt etwas Besonderes, betrifft mein Verbleiben in Deutschland nach meiner Freilassung. Als österreichischer Staatsangehöriger kann ich mich nach meiner Strafverbüßung auf die Ausländerschutzbestimmungen berufen. Vielleicht muss ich das, es hängt vom Entscheid der Gestapo ab. Es kann sein, dass ich auf die Hilfe des Konsuls angewiesen bin.
Also zweierlei brauche ich, den ungefähren Wortlaut der Schutzbestimmungen, die ich kennenlernen will und die Adresse des österreichischen Generalkonsuls in Breslau. [...]

Schreiben an Schwester Rosa

28. Februar 1938

Diesmal muss ich Dir schreiben, ich fasse mich kurz. Das Neueste zuerst. Aus unserem gemeinsamen Wiedersehen im Elternhaus – auf das wir uns schon alle so gefreut haben – wird nichts, weil ich ausgewiesen werde. Jawoll Mädel, es ist raue Wirklichkeit, mit der ich mich abfinde. Auch ihr müsst alle noch vorhandenen Illusionen begraben, und mit dieser Tatsache fertig werden. Kommt recht bald über diese neue Enttäuschung hinweg.

Am 22.02. wurde mir der Ausweisungsantrag vorgelegt. Antragssteller ist die Behörde von Gelsenkirchen-Buer. Es fällt mir nicht ein, den Ausweisungsantrag anzufechten. Mein Stolz verbietet mir das. Ich würde mir etwas vergeben, und das darf und will ich nicht.

Rosa, Du weißt, dass es weder meinem Charakter noch meiner Gesinnung entspricht, etwas zu tun, was meiner Überzeugung widerspricht. Ich lehne es ab, um meine Aufenthaltsbewilligung zu bitten. Bitten und betteln kommt nicht in Frage. Ich habe mich mit meiner Ausweisung einverstanden erklärt. Von Euch allen erwarte ich, dass auch Ihr Euch der Behörde gegenüber nichts vergebt, dass Euer Verhalten sich mit meiner Haltung deckt.

In nicht allzu ferner Zukunft wird es für uns ein gemeinsames Wiedersehen geben. [...] Am 28. Mai ist meine Strafzeit beendet, und ich erwarte in der Zwischenzeit die Reglung meiner Sache durch den Konsul, der mich über die Art der Reglung verständigen kann. [...]

Brief an Geschwister Heinz und Rosa

3. April 1938

Lieber Heinz,

Du hast bei der Regelung der Wohnungsfrage die große Ansteckungsgefahr, die gegeben ist, außer Acht gelassen. Wolf ist sehr tuberkuloseanfällig. Das beweisen seine Vorbeugungskuren in Lippspringe usw., es wäre unverantwortlich von mir, wenn ich mit meinem offenen Leiden in eure Wohnung ziehen würde. [...]

Liebe Rosa,

seitdem der Anschluss Österreichs an Deutschland vollzogen ist, bin ich deutscher Reichsangehöriger und muss bemüht sein, im Rahmen des gegebenen Ordnungszustandes zu Recht zu kommen. Um die Regelung meiner Angelegenheit braucht sich kein Generalkonsul mehr bemühen. Wir brauchen keinen Bescheid mehr von Breslau. Ich muss meine Sache jetzt selbst in Ordnung bringen.

Die Geh. Staatspolizei hat mich vor kurzem besucht. Du weißt warum. Du hättest Dich nicht für mich verwenden sollen. Du und wir alle, brauchen niemanden um meine Freiheit bitten, die steht mir nach meiner Strafverbüßung ab 28. Mai dieses Jahres zu. Nicht etwa deshalb, weil ich dreiviertel tot bin, sondern weil ich die mir zugemessene Strafe verbüßt habe.

Für die Sachen, die Du nach Hause geschickt hast, muss ich Dir danken. Ich kann sie gut brauchen. Zukünftig darfst Du Deine paar Pfennige, die Du ganz gut selbst gebrauchen kannst, ruhig besser zusammenhalten. Meinethalben solltest Du Dir keine Auslagen mehr machen.[...]

Brief an die Eltern

Konzentrationslager Sachsenhausen
10. Juli .1938

Glatz liegt hinter mir. Seit dem 29.06. bin ich hier. Auf wie lange, wird die Zukunft lehren. […]

Am 29.05. dem Tag meines Straf-Endes habt Ihr gewiss auf mich gewartet, weil Ihr, genauso wie ich, glaubtet, dass nach Verbüßung meiner fünfjährigen Strafe meine Freilassung erfolgt. Dem war aber nicht so. Wir wurden enttäuscht.

Liebe Eltern, ich habe mich in mein Los geschickt, weil es von mir getragen werden muss. Auch ihr müsst mit der Tatsache fertig werden. […]

Brief an Bruder Heinz

24. Juli 1938

In welchem Rahmen sich der zukünftige Briefverkehr abwikkelt, erseht ihr aus dem Aufdruck. [...]

Lieber Bruder, frage Martha*, wie sie sich mit der Tatsache, dass sich unser beider Sehnen nicht erfüllt hat, abgefunden hat. Ich bitte sie, dem nächsten Brief, den ich von Euch erwarte, ein paar Zeilen beizufügen oder direkt an mich zu schreiben.

Nach wie vor habe ich ein starkes Verlangen nach einem Lebenszeichen von ihr. [...]

---

* Martha war die Lebensgefährtin von Franz Harter, mit der er eine gemeinsame Tochter hat. Die vierjährige Inge hat er noch nie gesehen

Brief an Bruder Heinz

2. Oktober 1938

Heinz, sag der Mutter, sie soll sich nichts daraus machen, wenn es noch eine Zeitlang dauert. Das Bewusstsein, dass ihr mich gern habt, und mich nicht vergesst, hilft mir über die Zeit hinweg. [...]
Heinz, grüße Martha, sie soll von der Zukunft nur das mögliche erwarten, dann wird sie nie enttäuscht werden. [...]

Brief an Bruder Heinz

16. Oktober 1938

[...] Heinz, mancher von denen, die Dich mit überflüssigen Fragen belästigen, täten besser daran, wenn sie sich mehr um die Verhältnisse kümmerten, in denen sie stecken. Ihnen würde dann manches ohne viel Gefrage klar werden.

Aus Ermangelung der entsprechenden Kenntnis muss ich Deine Frage unbeantwortet lassen. Am besten ist, Ihr hofft nicht zu viel.

Das Geld vom 8.10. habe ich erhalten. Ich danke schön. Mias* Sehnen nach einer glücklichen Zukunft, die sie in der Schaffung eines eigenen Heims verwirklicht sieht, macht ihre leichtsinnige Berufsaufgabe verständlich. Heinz, ihre Berufstüchtigkeit berechtigt zu der Annahme, dass sie eine ebenso tüchtige Hausfrau wird. Deshalb lasst sie ruhig gewähren. Hoffentlich ist ihr zukünftiger Mann der gute Kamerad, den sie braucht. Ich wünsche ihr für alle Zukunft nur Glück.

Heinz, das kleine Mädchen, welches Leni erwartet, könnt ihr noch gebrauchen, vor allem Wolf.** Möge Deine Frau gut über die schwere Stunde hinwegkommen und sich recht bald erholen. Ihr gratuliere ich jetzt schon, selbst auf die Gefahr hin, dass es zu früh ist. Ich grüße Euch und alle anderen, besonders Martha.

Dein Bruder Franz

* Mia Harter war die Schwester
** Schwägerin Leni, die Frau von Bruder Heinz, war schwanger. Es wurde ein Junge – Lothar. Bruder Wolf, der Erstgeborene, sollte sehr früh an einer schweren Krankheit sterben.

Brief an Schwester Mia

27. November 1938

Brief an Mia

Mia, Du bist zwar noch sehr jung. Trotzdem befürworte ich das, was Du willst, weil Du gesunden Menschenverstand besitzt. Man darf Dir mit ruhigem Gewissen Handlungsfreiheit zubilligen. Du wirst schon das Rechte tun. Bei Deinem Selbstbewusstsein, der Willenskraft und dem Mut, den Du hast, braucht niemandem Angst sein um Deine Zukunft. Du bist hinreichend lebenstüchtig. Die Bedenken, die Rosa und Heinz (*es geht um Mias bevorstehende Hochzeit – E. B.*) haben, sind unbegründet. Du willst ja nichts Unmögliches.

[...]

P.S. Mia! Martha, der ich sehr zugetan bin, erwartet zurzeit den von mir versprochenen Brief. Zu Deinen Gunsten ließ ich sie warten. Besuche sie nach Erhalt dieses Schreibens sofort, damit ihr unnötiges Warten, welches sie beunruhigen könnte, erspart bleibt. Erkläre ihr, warum ich nicht geschrieben habe. Sie soll mir das Versäumnis verzeihen.

Brief an Schwester Ernestine (Tini)

22. Januar 1939

[...] Schwesterle, erfreulich ist die Tatsache, dass ihr es meinem kleinen Fresser *an nichts fehlen lasst. Das Fehlen der Eltern darf der Kleinen nicht bewusst werden. Umgebt sie auch weiterhin mit sehr viel Liebe. Seid immer gut zu ihr.
    Inge, die jetzt anfängt zu denken, wird Euch das nie vergessen und zu danken wissen. Vergesst nie, dass Inge ein Stück von mir ist, folglich zu uns gehört. Deshalb müsst ihr sie fest an euch binden und solange für sie sorgen, bis ich es selbst wieder kann.
    [...]

* Tochter Inge

Brief an Schwester Ernestine (Tini)

14.Mai 1939

[...] Tini, dem Mädel, das ich schon ihrer konsequenten Haltung wegen liebe, musst auch Du zugetan sein. Martha ist ein wertvoller Mensch, es lohnt sich, sie zum Freund zu haben. Mia hat mir diese Tage etwas Geld geschickt. Für diesen Beweis ihrer schwesterlichen Liebe danke ich ihr herzlich. [...]

Was treibt Inge? Geht sie gern zur Schule? Ich erwarte von ihr, dass sie mehr lernt, wie ich. Haltet sie immer zum Lernen an. Grüßt mein Mädelchen und ihre Pflegeeltern.

Tini, euer Warten auf mein Kommen hat auch mal ein Ende. Hoffentlich recht bald.

H.* ist ein übles Subjekt, das ihr einfach fernhalten müsst. Auf seinen Gruß lege ich keinen Wert. [...]

* Wer mit »H.« gemeint war, ist mir unbekannt – E. B.

Brief an Schwester Ernestine (Tini)

6. August 1939

[...] Bitte schreibt mir, ob und wann Fritzchen P.* bei euch war und welchen Eindruck er auf euch gemacht hat. Fritz hat mir einen großartigen Brief geschrieben, trotzdem empfehle ich Dir: begrenztes Vertrauen. Mich hat mancher liebe Nächste auf Grund meiner Leichtgläubigkeit (von der ich für immer geheilt bin) arg mitgespielt.

Was treibt mein kleiner Fresser? Lass ihm von dem Zärtlichkeitsüberschuss, den Du hast, ab und zu etwas zukommen. Dass Mutter gut über den Unfall weggekommen ist, ist erfreulich. Ich wünsche ihr und dem Vater das Beste. Hoffentlich sehen wir uns in absehbarer Zeit wieder. [...]

* Wer mit »Fritzchen P.« gemeint war, ist mir unbekannt – E. B.

Brief an Schwester Ernestine und Lebensgefährtin Martha

7. April 1940

[...] Tini, Du stellst philosophische Betrachtungen an. Spar Dir die Mühe. Es lohnt sich nicht. Was hinter uns liegt, zählt nicht mehr. Mit dem, was vor uns liegt, müssen wir fertig werden. Alles kann uns das Jahr 1940 bringen, sogar kalte Füße. Aber dessen ungeachtet wollen wir auch weiterhin die Ohren steifhalten. [...]

Liebe Martha,
über die Ereignisse* bin ich durch die Presse informiert. Eine Stellungnahme erübrigt sich, weil Du ja die Dinge vom besten Standpunkt aus betrachtest. [...]
Deine Annahme, dass wir die längere Zeit unseres Getrenntseins hinter uns haben, ist richtig, ebenso richtig ist aber auch, dass wir die härtere Zeit noch vor uns haben.
Mädel, Dein Wollen ist an Voraussetzungen gebunden, die vorerst noch nicht gegeben sind. Doch hoffe ich, dass es sich bald verwirklichen lässt.
Sag M., dass ich ihn um seinen Platz beneide.**
[...]

---

* Was damit gemeint war, ist mir unbekannt – E. B.
** Mein Vater, Ernst Harter, meinte, damit könne Max B. gemeint sein, der sich aktuell im Zuchthaus befand – offenkundig ein im Vergleich zum KZ erträglicherer Ort. Wer dieser Max B. ist, ist mir nicht bekannt – E. B.

Brief an Schwester Mia

4. Februar .1940

Hier ist die von mir gewünschte Antwort auf Dein Schreiben, welches ich am 28.01. erhielt.

Mia, sei darüber, dass ich mich sehr kurz fasse, nicht ungehalten. Dafür werde ich Dir später einmal mehr schreiben. Deine Wünsche sind reichlich hochgeschraubt. Hoffentlich erlebst Du keine Enttäuschung. Das mit dem Bild musst Du Dir aus dem Kopf schlagen.

Rosa und Martha warten auch noch auf Post von mir. Ich habe es versäumt, ihr Schreiben, das mich am 21.01.1940 erreichte, zu beantworten. Sie sollen mir deshalb nicht böse sein.

Grüße Rosa und Martha, ich werde ihnen nächstens schreiben. Auch die anderen lasse ich grüßen. Zum Schluss Dir und Deinem Mann meine besten Wünsche und Grüße.

Dein Bruder Franz.

Auf Wiedersehen

Brief an Bruder Heinz

18. Februar 1940

Deinen Wissenshunger kann ich nicht befriedigen, das viele Worte machen hat auch keinen Zweck. Dass Du einige Wochen Ruhe hast, kann Dir nicht schaden, pflege Dich, soweit es die Verhältnisse zulassen. Dein einziger Wunsch ist ein bisschen hochgeschraubt. Nicht alle Wünsche gehen in Erfüllung. Kohle hast Du, sei froh. Mit dem Geld scheint's schlechter gestellt zu sein, sonst hättest Du die große Wohnung behalten, die Du für Deine beiden Jungens notwendig gebraucht hättest.

Wenn Du eingezogen wirst, kann sich Deine Frau zur Not in einer kleineren Wohnung zurechtfinden. Was Ernst* Weihnachten konnte, werde ich nie fertigbringen. Tini soll Ernst grüßen, hoffentlich bleibt ihm auch fernerhin das Glück treu.

Erfreulich ist, dass bei Euch noch alles beim Alten ist. Martha muss in ihrem und im Interesse anderer leidenschaftsloser werden. Im März werde ich ihr schreiben. Grüße das Mädel.

Ist Fritzchen** von seinem Optimismus kuriert? Er ist ja mit seinem jugendlichen Ungestüm etwas daneben geraten. Heinz, trotzdem wir mit einer wenig angenehmen Lage fertig werden müssen und ich an jedem anderen Platz lieber wäre wie hier, wollen wir für die Zukunft doch das beste hoffen. Zum Schluss grüßt Dich und die anderen
    Dein Bruder Franz.
    Auf Wiedersehen

---

* Schwager Ernst Schmalfuß, Tinis Mann
** Wer »Fritzchen« war, ist mir unbekannt – E. B.

Postkarte an Tini und letzte Lebensäußerung von Franz

31. März 1940

Liebe Tini,

Du erwartest gewiss einen umfangreicheren Brief. Doch es ist diesmal nur eine Karte. Mach Dir nichts draus. Begnüge Dich bitte damit. Später einmal schreibe ich Dir wieder einen ausführlicheren Brief.

Die Häftlingsnr. und Blocknr. gehört mit zur Adresse, darf also nicht wieder vergessen werden.

Gruß, Franz

Franz Harter hatte noch 23 Tage zu leben.

Abschied

Meine Eltern haben überlebt. Ihrer Gesinnung blieben sie bis an ihr Ende treu. Mein Vater verstarb am 28. April 1995 und meine Mutter am 5. Juli 1999. Aus den vielen, sehr bewegenden Beileidsbekundungen, die ich erhielt, möchte ich zwei dokumentieren.

Liebe Genossin Ellen Brombacher,
ich möchte Dir, Deiner Mutter und Deiner Familie meine aufrichtige Anteilnahme am Tode des Kommunisten Ernst Harter übermitteln. In meiner langjährigen Tätigkeit in der Nationalen Mahn- und Gedenkstätte Sachsenhausen habe ich unter vielen Genossen auch Deinen Vater kennengelernt. Er war für mich eine besonders beeindruckende Persönlichkeit durch seine außerordentlich bescheidene, sensible Art, über seine Erlebnisse zu sprechen und dabei seine tiefe humanistische Grundhaltung und Überzeugung sichtbar zu machen.
Ernst Harter, ein Mensch, den man nicht vergessen kann.
In Verbundenheit
Genossin Gerda J.
15. Mai 1995

Liebe Ellen,
nun ist morgen der schwere Tag, an dem Du endgültig von Deiner Mutter Abschied nehmen musst. Leider können wir nicht kommen und Dir mit einer Umarmung unser Mitgefühl zu zeigen. Wir werden an diesem Tag ganz besonders mit unseren Gedanken bei Euch weilen.

Deine Mutter war für mich nicht nur eine Genossin, sie war auch eine echte Freundin. Sie und Dein Vater gehörten Jahrzehnte zu unserem Leben. Deinen Vater kannte ich seit 1945, er war unser Trauzeuge, und einige Jahre später kam auch Hilde dazu – und Du natürlich auch.

Ich muss Dir nicht sagen, was sie für besondere Menschen waren. Das weißt Du selbst.

Heinz hatte sich fest vorgenommen, zur Trauerfeier zu kommen. Er ist aber eingezwängt in Termine und die Strapazen wären doch sehr groß. Er wird in diesem Jahr 85 Jahre alt. [...]

Liebe Ellen,

ich war etwa in Deinem Alter, als ich meine Eltern verlor. Ich habe den Verlust auch nur ganz schwer ertragen. Im Nachhinein muss ich dankbar sein, dass ich sie so lange hatte. Vielleicht ist das auch ein ganz kleiner Trost für Dich, dass Deine Eltern trotz ihres schweren Lebens noch so alt geworden sind. Lass Dich ganz herzlich umarmen und grüße auch Pedro und Sascha von mir und natürlich auch von Heinz.

Lore Junge, Dortmund

3. August 1999

Nachwort

Von Reinhard Junge, Bochum

»Ich habe ein Buch über meine Eltern geschrieben. Würdest du mir ein Vor- oder Nachwort schreiben?« Eine ganz heikle Anfrage. Ellen Brombacher ist meine urälteste Freundin. Wir kannten uns schon, bevor wir eingeschult wurden. Als sie noch im Ruhrgebiet wohnte und Ellen Harter hieß. Unsere Väter waren zusammen in Sachsenhausen inhaftiert, die Familien befreundet. Wir beide sind mit der Muttermilch Kommunisten geworden – in einer Zeit, als viele Menschen es für zumindest anrüchig hielten, neben Leuten zu wohnen, die ihren Kindern keine frommen Gebete beibrachten …

Was also, wenn mir das Buch ganz und gar nicht gefallen sollte? Wenn ich es für völlig misslungen hielt? Ein Gefälligkeitslob wäre ein Unding gewesen. Wie also hätte ich solch ein Urteil an die Frau bringen sollen, ohne ihr jeden Mut zum Weiterschreiben zu nehmen? »Lass es mich erst lesen«, sagte ich.

»Na klar. Ich schicke es dir zu.«

Um es vorneweg zu sagen: Mich hat dieses Buch sehr beeindruckt, an vielen Stellen tief ergriffen. Mit den Erfahrungen aus 75 Lebensjahren in zwei verschiedenen Deutschlands gerüstet, berichtet Ellen von dem, was ihre Eltern erlebt und erlitten haben. Ihr Vater Ernst Harter, gelernter Dachdecker, galt als »staatenlos«, da seine Eltern aus Österreich zugewandert waren und in Deutschland nie einen Pass beantragt hatten. Als Kommunist musste er emigrieren.

Ellens Mutter stammte aus dem Dorf Bremke bei Göttingen, wo es rund 200 Jahre lang jüdisches Leben gegeben hatte, bevor die Nazis die Juden »holten«. Hilde Meyerstein konnte rechtzeitig nach Belgien emigrieren, wo sie sich lange Zeit verstecken konnte – und Kommunistin wurde.

Ellen zitiert aus den Berichten und Briefen verfolgter Angehöriger und Kampfgefährten, forscht nach dem Verbleib ihrer verschleppten jüdischen Großeltern, sucht nach Zeugnissen ihres Lebens, ihrer Leiden, ihres Todes. Sie findet letzte Briefe der Vermissten und sucht schließlich auch den Geburtsort ihrer Mutter auf, den diese nach 1945 nie wieder betreten hatte.

Sehr sachlich, beinahe nüchtern berichtet Ellen, wie ihr Vater emigriert, sich verstecken kann und schließlich doch gefasst und nach Sachsenhausen deportiert wird. Kameraden holen ihn die von politischen Häftlingen geführte »Schreibstube«, die Lagerverwaltung. Hier entdeckt er auf einer Karteikarte die Meldung, dass sein Bruder zwei Jahre zuvor am selben Ort erschossen worden war.

In Belgien ist Ernst Harter zum ersten Mal seiner späteren Frau Hilde begegnet. Sie agitiert heimlich deutsche Besatzungssoldaten – was für sie als Jüdin und Kommunistin doppelt gefährlich ist. Hilde und Ernst entgehen teils durch Zufälle, teils auf Grund der Solidarität knapp dem Tod und entschließen sich nach der Befreiung, für ein besseres, friedliches Deutschland zu wirken.

Zahlreiche Briefe von Angehörigen und Freunden verdeutlichen die Hoffnungen vieler Juden darauf, dass sie der Mordmaschine der Nazis doch noch entgehen könnten. Das zu lesen ist besonders ergreifend – mit dem Wissen, dass sie vergeblich gehofft haben. Viele Juden sind vor der Deportation noch in der Zwangsarbeit ausgebeutet worden, bevor man sie in den Lagern »durch den Schornstein« jagte. Allein aus Hildes Familie sind mindestens 38 Menschen verschleppt und vernichtet worden. Als Ellen viele Jahre später Auschwitz besuchte, sah sie im Museum eine Sammlung von Koffern. Vergeblich wünscht sie sich, zumindest dort auf den Namen Meyerstein zu stoßen. Dieser Zufall wäre aber zu unwahrscheinlich gewesen ...

Andere Zeugnisse stammen von Weggefährten ihrer Eltern, die Begegnungen mit Hilde und Ernst schildern oder weitere Details aus den politischen Kämpfen enthalten. Inzwischen sind das historische Dokumente geworden, die nicht vergessen werden sollten.

All das kann man nicht chronologisch wiedergeben. Ellen hat die kurzen Berichte kunstvoll wie Mosaiksteine zusammengefügt, die erst als Ganzes ein Bild ergeben. Es hilft dabei, die Schrecken faschistischer Herrschaft, aber auch die Kraft der Schwachen zu verdeutlichen.

Dieses Buch ist nicht nur dem Andenken zweier wunderbarer Menschen gewidmet, deren Zuneigung, Wärme, Bescheidenheit und Prinzipientreue ich sehr geschätzt habe. Leider leben wir wieder in Zeiten, da alte und neue Nazis sich in Deutschland fast ungestört ausbreiten. Sie bedrohen, verletzten und ermorden Antifaschisten, Juden und Migranten und verfälschen die deutsche Geschichte. Auch mir machen diese Leute Angst. Besonders dann, wenn sie in Horden durch die Straßen ziehen.

Auf der Feier des 100. Geburtstages von Friedrich Wolff, des Freundes und linken Rechtsanwalts, 30. Juli 2022

Eine Studie über Rechtsextremismus oder Die Fortsetzung der Totalitarismusdoktrin mit anderen Mitteln (1998)*

Von Ellen Brombacher, Heinz Marohn, Gerald Schwember

Im August 1998 verklagt eine Gruppe jüdischer Nazi-Opfer die *Degussa*. In der Sammelklage verlangen sie, die *Degussa*[1] solle für ihre Verbrechen mit dem gesamten Firmenvermögen haften. Es wird auch auf deren enge Verflechtung mit der Firma *Degesch* Bezug genommen, die das Zyklon B für die Massenvernichtung in den Gaskammern produzierte. Die Forderung nach faktischer Enteignung der *Degussa* kommt 53 Jahre zu spät. In der sowjetisch besetzten Zone war das nach der Zerschlagung des Hitlerfaschismus selbstverständlich: die Enteignung aller, die am faschistischen Morden verdient hatten. Das betraf sehr viele, so die gesamte Großindustrie. Daraus erwuchs deren Verstaatlichung.

Gerade durch die Rigorosität, mit der man im sowjetisch besetzten Teil Deutschlands der Eigentumsfrage begegnete, wurden dem Nazismus die sozialökonomischen Wurzeln herausgerissen. Diese Tatsache wird in der Bundesrepublik nicht erst seit heute totgeschwiegen oder als Unrecht behandelt. Und so kommt es, dass ein nicht unbeträchtlicher Teil der Deutschen sich durch Bilder von DDR-Fahnenappellen eher an Nazideutschland erinnert fühlt als durch die Dresdner Bankfiliale an der Ecke oder den parkenden Daimler vor der Tür. Die veröffentlichte Meinung der BRD hat diese völlig verzerrte Sicht systematisch erzeugt. Uwe-Jens Heuer[2] nennt das die »vergleichende Gleichsetzung von Drittem Reich und DDR«.

Doch damit nicht genug. Mittlerweile ist die DDR nicht nur die Fortsetzung der Diktatur nach Hitler, sondern neuerdings auch noch der Schoß, aus dem das Braune wieder kriecht. So faktisch nachzulesen in der Studie von Bernd Wagner »Rechtsextremismus und kulturelle Subversion in den neuen Bundesländern«.

Der Autor geht davon aus, dass in der DDR entstandene Jugendszenen die Basis für späteren Rechtsextremismus bildeten und schreibt: »Der DDR-Staat war ihnen verhasst. [...] Hass auf die Vaterfunktion des Staates, der nirgendwo die Verheißungen einzulösen verstand. [...] Die SED war der Inbegriff für Autoritarismus, Gefangenschaft, Agonie und eine durch und durch verlogene Gesellschaft.«

Solche Äußerungen zeigen Wagners Stoßrichtung. Wir kommen auf die Studie zurück.

Es soll nicht abgestritten werden, dass es in der DDR Jugendliche gab, die sich rechts orientierten. Auch wollten nicht alle alten Nazis nach Westdeutschland flüchten. Und natürlich wurde die DDR nicht zuletzt von vielen früheren Nazi-Mitläufern aufgebaut. Jene Deutschen, vorwiegend Kommunisten und Sozialdemokraten, die illegalen Widerstand geleistet hatten, jene, die zurückgekehrt waren aus den Konzentrationslagern und Zuchthäusern, aus der Emigration sowie den Partisanen- und Alliiertenarmeen, wollten das in seiner großen Mehrheit irregeführte Volk nicht demütigen. Sie, die – anders als in den Westzonen praktiziert – zumeist die radikal zerschlagenen Strukturen ersetzten, waren gewillt, die Verführer zu strafen und jene, die aus der Nazi-Herrschaft Gewinne zogen – aus jeder Granate und Bombe ebenso wie aus Zyklon B, aus KZ-Häftlingen und Fremdarbeitern.

Nun sind ihre Erben zurückgekehrt. An jeder Ecke eine Deutsche oder Dresdner Bank und all die anderen Profiteure. Angeregt durch die Sammelklage gegen die *Degussa* provozieren sie heute erneut die Frage: Warum nicht gleich alle ökonomisch liquidieren, denen Krieg und Genozid an den Juden bekamen wie eine Badekur? Haben sie weniger an der faschistischen Herrschaft verdient als die *Degussa*? Sind sie weniger schuldig?

Die Bodenreform soll rückgängig gemacht werden. Selbst die Nachfolgegesellschaften von Auschwitz-IG-Farben verlangen heutzutage das Ihrige zurück. In diesem Deutschland sind wir angekommen. Um dies zu verschleiern, wird gern suggeriert, die gesellschaftlichen Verhältnisse der DDR seien selbst die Brutstätte für Neonazismus in Deutschland gewesen.

Ein Protagonist dieser These ist der bereits erwähnte Bernd Wagner. In der DDR qualifizierte er sich zum Volkspolizei-Offizier und wurde einer der Ressortleiter im Ministerium des Innern für das Gebiet des Rechtsextremismus. Er hat daher auch aus DDR-Zeiten fundierte Kenntnisse über alle diesbezüglichen Auswüchse, die es in den letzten Jahren der DDR gab. Wagner weiß aus ureigener Erfahrung, dass es in der DDR ans Unmögliche grenzte, Dinge solcher Art öffentlich zu behandeln. Sie waren ein Tabu, da nicht sein konnte, was nicht sein durfte und auch, weil wir uns vor denen, die die Globkes reaktiviert hatten, keine Blöße geben wollten.

1988 wurde erstmals auf einer ZK-Tagung die Existenz von rechten Jugendlichen in der DDR erwähnt. Dem waren auf Initiative der SED-Bezirksleitung Berlin durchgeführte Untersuchungen in Jugendclubs der Stadt und eine darüber an den Generalsekretär verfasste Information vorausgegangen. Im Politbürobericht fehlte jegliche Analyse; vielmehr wurde der zweifellos relevante Einfluss westlicher Medien als einzige Ursache aufgeführt. Kasuistik wurde betrieben. Das waren unnötige, grobe Fehler. Dass im Osten grundsätzlich mit den Nazis aufgeräumt worden war, nährte auch die Illusion, solcherart Fehlentwicklungen könne es in der DDR nicht einmal in geringem Maße geben. Analysen fielen Verdrängungen zum Opfer und verschwanden in Panzerschränken. Sicher hat auch Wagner hier seine bitteren Erfahrungen machen müssen.

Zugleich wusste jeder, der im Parteiapparat oder in staatlichen Organen, nicht zuletzt in den Ministerien für Staatssicherheit und des Innern, tätig war, dass faschistische oder faschistoide Symptome nicht als Kleinigkeiten behandelt, sondern prinzipiell bekämpft wurden. Die gesetzlichen Grundlagen hierfür waren in jeder Hinsicht gegeben. Es ist mehr als gewagt, wenn es in der Studie heißt: »Von politischen Systemträgern wurden sie (*die Nazis – d. Autoren*) gern als Ordnungsfaktor instrumentalisiert.«

Sicher: Idioten gibt es überall, und womöglich kann Bernd Wagner seine These mit wenigen Beispielen belegen. Wir werden mühelos viele finden, die hundertfach für das Gegenteil stehen. Was immer über das SED-Politbüro gesagt werden kann: Niemals hätten jene, die das Machtzentrum verkörperten, so etwas ernstlich zugelassen.

Alle Älteren waren im antifaschistischen Kampf gewesen: Axen in Auschwitz, Honecker im Zuchthaus Brandenburg, Sindermann in Sachsenhausen und Mauthausen, Keßler in der Roten Armee, Hager in Spanien und in der englischen Emigration ... Der Schwur von Buchenwald war ihnen heilig. Sie duldeten keinerlei Freiräume für Nazis. Rechte Literatur, Zeitungen, Verlage oder gar Organisationen und Demonstrationen wären ebenso undenkbar gewesen wie der latente Revanchismus oder die jüngsten Debatten zur Ausstellung über die Wehrmachtverbrechen[3].

Die Erziehung in der DDR war antifaschistisch. Das bedeutete nicht, dass sie immer geschickt und wirksam war. Kunst und Kultur der DDR und aus anderen Ländern prägten Generationen im antifaschistischen Geist. Das traf für das Fernsehen zu, die Filmkunst, die Literatur und das Theater, die bildende Kunst, für alle Genres. Millionen sind mit »Nackt unter Wölfen«, »Jakob der Lügner«, »Der Aufenthalt« und »Kindheitsmuster« aufgewachsen.

Ungezählt sind jene, die in Jugendweihestunden ehemalige faschistische Konzentrationslager besuchten; die an Gedenkstätten, welche heute häufig verrotten, der gefallenen sowjetischen Soldaten und Opfer des Faschismus gedachten. Und so provinziell vieles im Lande war: In puncto Solidarität ging es weltoffen zu. Diese Merkmale des Lebens in der DDR waren bestimmende Tendenzen. Man kann sicher sein, dass sich unter jenen Generationen, die teils die Naziherrschaft noch bewusst erlebt hatten oder in der DDR aufwuchsen, außerordentlich viele befinden, die gegen Rechtsradikalismus resistent sind, weil bei ihnen die antifaschistische Erziehung so tief verinnerlicht ist, dass sie selbst beim größten Frust keine Protestwähler für Nazis abgeben würden.

Was wir nicht beachteten und wohl auch nicht wahrhaben wollten, war: Der Bruch, der sich gesellschaftlich bezüglich der faschistischen Strukturen vollzogen hatte, fand in Familien nicht a priori gleichermaßen statt. Hier gab es wohl immer eine Grauzone der Verharmlosung, die uns hätte beunruhigen müssen. In dem Maße, wie in den achtziger Jahren die Versorgungssituation wieder schlechter wurde, entwickelten sich auch in Kaufhallen unweit von Ausländerwohnheimen oder in Grenzbezirken Stimmungen, die Vietnamesen und Polen würden alles wegkaufen. Pöbeleien nahmen zu. In den Fußballstadien spielten sich schlimme Dinge ab. Manche Freizeitclubs wurden zeitweise Treffpunkte für Rechte. Jede dieser Erscheinungen war eine zu viel. Wer sie leugnet, setzt verantwortungslose Verdrängung einfach fort. Wer solche Erscheinungen addiert und daraus ableitet, die DDR sei der Nährboden für heutige neofaschistische Tendenzen in den neuen Bundesländern und darüber hinaus gewesen, ist zumindest blauäugig.

Zurück zur Studie Bernd Wagners.

Wir werden nicht versuchen, Fakten in Frage zu stellen, die er über Ansätze rechtsextremer Gruppen in der DDR zu Papier brachte, zumal er kaum mit Zahlen arbeitet. Es ist schwer vorstellbar, dass MfS und K 1 über die Anzahl von Neonazis in der DDR nicht exakt informiert waren. Offenbar unterstrichen Zahlen nur die Marginalität der von Wagner untersuchten Tendenzen.

Was ist aus unserer Sicht das Kritikwürdige an Wagners Studie? Jede zu DDR-Zeiten feststellbare nazistische Erscheinung – Tendenzen in den Neubundesländern gleich mit einbegriffen – wird aus den früheren gesellschaftlichen Verhältnissen abgeleitet. Zugleich sind die gesellschaftlichen Entwicklungen und Grundverhältnisse der Bundesrepublik fast vollständig ausgeblendet. Man mag entgegenhalten, die Studie bezöge sich ja nur auf den Osten. Aber genau darin besteht ihre ganze Fragwürdigkeit. Wechselbeziehungen werden ignoriert. Wie selbstverständlich werden so die im Westen nie wirklich gekappten Nazi-Traditionen und deren Wirkung im Osten ignoriert.

Kein Wort verliert Wagner darüber, dass in den Altbundesländern das Thema der kritischen Aufarbeitung der Nazi-Zeit de facto tabuisiert war, bis dies unter dem Druck der 68er Bewegung partiell geschah. Es ist irreführend, wenn er schreibt: »Der Prozess der Modernisierung des Rechtsextremismus setzte mit Beginn der siebziger Jahre in der Bundesrepublik Deutschland ein, nachdem 1969 die Sammlung der alten rechtsextremen Kräfte ihr politisches Comeback, den erneuten Einzug mit der NPD in den Bundestag, nicht geschafft hatte.«

Ein politisches Comeback setzt voraus, dass welche weg waren. Das sind die Nazis in den alten Bundesländern zu keinem Zeitpunkt gewesen.

Das Sondervotum der Mitglieder der Gruppe der PDS und des Sachverständigen Mocek zum Schlussbericht der Enquete-Kommission »Überwindung der Folgen der SED-Diktatur im Prozess der deutschen Einheit« (*Bundestag, Drucksache 13/11.000, S. 550*) deutet an, wie es mit den alten Strukturen im Westen Deutschlands aussah: »Bis Mitte/Ende der sechziger Jahre (waren) in der BRD ehemalige Nazis, darunter Kriegsverbrecher, in beträchtlichen Größenordnungen tätig – 21 Minister und Staatssekretäre, 100 Generale und Admirale der Bundeswehr, 828 hohe Justizbeamte, Staatsanwälte und Richter, 245 leitende Beamte des Auswärtigen Amtes, der Botschaften und Konsulate, 297 hohe Beamte der Polizei und des Verfassungsschutzes.«

Doch nicht nur die Nazi-Eliten wurden geschont, sondern auch der mittlere und untere Nazi-Apparat blieb, gemäß Art. 131 GG mit dem entsprechenden Ausführungsgesetz (1951), dem »131er-Gesetz«, weitgehend unangetastet. Des weiteren bestand in der BRD von Anfang an die Möglichkeit der legalen Organisierung und Institutionalisierung des Rechtsextremismus. Erinnert sei nur an die HIAG[4], mit der die ehemaligen SS-Angehörigen schon seit den vierziger Jahren über eine legale Massenorganisation verfügten. 1978 existierten in der BRD über 150 neofaschistische Zusammenschlüsse unterschiedlicher Größe.

Diesen Tatsachen ließen sich viele weitere hinzufügen. Die Vergangenheit blieb, mehr oder weniger im Hintergrund, stets lebendig. Mit dem »neuen« Großdeutschland ist die Lage erneut günstig geworden; rechtes Gedanken»gut« wird wieder salonfähig. Daran soll die DDR auch noch schuld sein. Wagner formuliert: »Die gegenwärtige Situation und Entwicklung in den neuen Bundesländern kann nicht vollständig verstanden werden, wenn die Entwicklung in der DDR in den letzten zehn bis fünfzehn Jahren nicht differenziert beleuchtet wird.«

Er muss sich zumindest zwei Fragen gefallen lassen:

1. Warum beleuchtet er nicht die Entwicklung im Osten seit 1945, warum nur jene Jahre, die zunehmend von Niedergangserscheinungen geprägt waren? In Zeiten des Niedergangs verliert ein System bekanntlich zuerst die Jugend, und ein Ausdruck dessen war, dass auch Rechtsextremes bei manchen jungen Leuten in der DDR Fuß fasste.

2. Warum wird der Umgang mit dem Erbe des Faschismus in den Altbundesländern faktisch nicht behandelt bzw. falsch dargestellt? »Der Rechtsextremismus ist in der Bundesrepublik Deutschland als politische Bewegung seit Anbeginn Gegenstand der politischen Kritik und Auseinandersetzung.« So Wagner.

Selbstverständlich gab es auch in den Altbundesländern stets antifaschistische Kräfte, die sich Gehör verschafften. Die befanden sich jedoch am Rand der Gesellschaft, welche sich zu keinem Zeitpunkt konsequent antifaschistisch verhielt. Das geben die BRD-Oberen im übrigen auch indirekt zu. Befragt, warum man mit den Kommunisten heute strikt abrechnen würde, während nach 1945 die Nazis bis auf wenige geschont wurden, wird stets geantwortet, gerade jenen Fehler der Nichtaufarbeitung wolle man nicht wiederholen. Unterschlagen wird, dass die ökonomischen und staatlichen BRD-Strukturen sich hätten weitgehend selber verfolgen müssen, wäre konsequent gegen Nazis vorgegangen worden.

Das ist im übrigen keine von Kommunisten konstruierte Sicht zur Schaffung eines Feindbildes. Bereits in den sechziger Jahren schrieben die Mitscherlichs[5] in ihrem Buch »Die Unfähigkeit zu trauern«: »Die Ideologie der Nazis ist zwar nach 1945 pauschal außer Kurs geraten, was aber nicht bedeutet, dass man eine sichere innere Distanz zu ihr gefunden hätte. Dazu wäre eine kritische Auseinandersetzung, zum Beispiel eine Untersuchung auf die Wahrhaftigkeit mancher Teile dieser Weltanschauung notwendig gewesen; aber sie kam nicht zustande. So haben sich, sozusagen naiv, weil unreflektiert, Teilstücke dieses Weltbildes völlig unbehelligt erhalten. Das Folgenreichste dürfte der emotionale Antikommunismus sein. Er ist die offizielle staatsbürgerliche Haltung, und in ihm haben sich ideologische Elemente des Nazismus mit denen des kapitalistischen Westens amalgamiert.«

Was die Mitscherlichs unter massenpsychologischen Aspekten beschreiben, betrifft gleichermaßen den unbehelligten Erhalt von ökonomischen Strukturen und ebenso die personelle Kontinuität im staatlichen und juristischen Bereich. Das alles kommt bei Wagner nicht vor.

Dem Osten wird ein anderes System übergestülpt, acht Jahre schon existiert dieses kapitalistische Großdeutschland, und dem Leser wird suggeriert, die Wirkungen der übertragenen gesellschaftlichen Verhältnisse seien nicht der Rede wert, aber die Nachwirkungen der DDR seien fatal.

Der Extremismusforscher Bernd Wagner verzichtet bei seinen Thesen, die gesellschaftlichen Verhältnisse der DDR selbst seien die Brutstätte für Neonazismus in Deutschland gewesen, weitgehend auf eine sozialpolitische Analyse der Neubundesländer. Natürlich lässt sich die fortschreitende Manifestierung rechtsextremer Tendenzen nicht allein auf die soziale Misere zurückführen, aber maßgeblich für die Wirksamkeit der Nazis unter jungen Leuten ist sie wohl doch.

Die Arbeitslosigkeit in den neuen Bundesländern ist doppelt so hoch wie im Westen, und es gibt 25 Prozent mehr Sozialhilfeempfänger, deren Anzahl zur Zeit mehr als viermal so schnell steigt wie im Westen. Im Osten erhalten jene, die Arbeit haben, nur 82 Prozent der Löhne und Gehälter. Erinnert sei an das Lehrstellenproblem.

Unerheblich ist in diesem Kontext, dass ein Teil der Jugendlichen, die rechten Parolen folgen, weder arbeitslos ist noch ohne Lehrstelle. Es ist das allgemeine soziale Klima im Osten, eine ungekannte kulturelle und moralische Verelendung eingeschlossen, welche es braunen Demagogen unter jungen Leuten, die im Regelfalle schon länger in der BRD leben, als ihre DDR-Jahre zählen, leicht macht: eine diffuse Angst vor der Zukunft. Die DDR-Vergangenheit wird zunehmend differenzierter bewertet. Soziales steht hoch im Kurs. Wer da die jüngere Vergangenheit mit der Nazi-Zeit vergleicht, erweckt auch bei so manchem Sympathie für Hitler. Das ist pervers; aber es funktioniert.

Rechte Wahlpropaganda im Osten hat sich genau darauf eingestellt. In einem Flugblatt heißt es: »Wir Mitglieder der NPD [...] stehen zur ganzen deutschen Geschichte und auch zur Geschichte der DDR.« Die Gleichsetzung von DDR und Faschismus kommt den Rechtsextremisten in doppelter Hinsicht zupass: Zum einen ist die Zerstörung jeglicher Bindung in das vergangene Leben – in die Kindheitswelt – psychologisch verheerend und schafft »beste« Voraussetzungen für rechten Einfluss. Zum andern spielen sich eben die Nazis als Verteidiger der DDR auf, in einem Atemzug mit der Verteidigung Hitlerdeutschlands. Sie schüren eine gefährliche Nostalgie, und sie stoßen auf Freiräume, da auch zu viele Linke gar zu schnell bereit sind, den ersten sozialistischen deutschen Versuch zu denunzieren.

Für manch einen sind die heute noch umstrittenen Ereignisse vor der Ostberliner Zionskirche[6], wo Punks von Skinheads zusammengeschlagen wurden und die Volkspolizei erst eintraf, als alles vorbei war, für die DDR diskreditierender als das nach 1945 ungebrochene Weiterexistieren des deutschen Bankwesens für die BRD.

Diese Unverhältnismäßigkeit, die auch die gesamte Studie Wagners durchzieht, ist Methode.

Betrachten wir jene Faktoren in Gestalt entsprechender Zitate, die in der Studie als aus der DDR rührende Ursachen für rechtsextremistische Tendenzen im Osten benannt werden: »Geprägt durch die Erfahrungen der DDR, die von Autorität, Vormundschaftlichkeit und Konformität bestimmt waren, sahen und sehen sehr viele Leute einen Ausweg in Orientierungen, die ebenfalls autoritär, vormundschaftlich und konformitätsbildend sind. [...] Die kollektive Annäherung an die rechtsextreme Idee einer Solidargemeinschaft auf völkisch-nationaler Basis entspringt diesem Gefühl des Beschädigtseins zentraler Werte wie Ordnung, Sicherheit, Pünktlichkeit, Fleiß, Arbeitsamkeit, Überschaubarkeit im öffentlichen und sozialen Raum. [...] Gemeinsames Unbehagen gegenüber allem Kreativen, Individualistischen, Avantgardistischen oder Unkalkulierbaren. [...] Korrumpierte Gleichheitsvorstellung, die alle kulturellen und individuellen Unterschiede autoritär nivellierte [...]. Keinerlei Schutz des Individuums vor dem Zugriff des Kollektivs. [...] Das Demokratieverständnis vieler Ostdeutscher hat genau dort seine Grenze, wo es gilt, Ausländer in den Demokratisierungsprozess einzubeziehen. [...] Die Entwicklung extremistischer Gruppierungen in der DDR war eine spontane Reaktion auf die wirtschaftliche und soziale Stagnation sowie den Verfall von Identifikationswerten. [...] Der Auf- und Ausbruch war die Reaktion auf soziale Agonie, den allgemeinen Anpassungsbrei und die totalitäre Kälte.«

Soweit Wagners Charakterisierung der DDR. Und er zieht aus dieser Darstellung den Schluss: »Gerade im Osten Deutschlands ergeben sich erhebliche Gefahren für den demokratischen Rechtsstaat, die zunächst nicht unmittelbar erkennbar sind, sondern akkumulativ wirken. Die demokratischen Institutionen, die in der

DDR allenfalls in Keimformen in selbstbestimmten Gruppen oder als Plakatwand vorhanden waren, sind auch im achten Jahr nach der Wende noch schwach verwurzelt. Die wirtschaftliche Lage ist, trotz bestimmter Verbesserungen in der allgemeinen Lebenslage eines Teils der Bevölkerung, sehr kritisch, der Arbeitsmarkt ist stark belastet, und die Entwertungen menschlicher Kapazitäten und Orientierungen sind massenhaft evident. Es wurden große Hoffnungen geweckt, obwohl Konfliktlösungen vielfach nicht in Sicht und Abläufe von Konfliktlösungen kaum erprobt sind. Die gewonnene Stabilität ist äußerst zerbrechlich. Daraus resultieren tiefe Frustrationen. Der gesellschaftliche Umbau wird nicht nur positiv erfahren. Der Niedergang der Normen, der Werte und Begriffe des realen Sozialismus wird häufig als fremdbestimmt wahrgenommen. Es gibt keine durchgreifend rasche Akzeptanz der neuen, dem demokratischen System eigenen Werte.«

Im Klartext: In der DDR gab es faktisch keine Demokratie. Deshalb hat es die wahre Demokratie, die ihr Zuhause im kapitalistischen Deutschland hatte und hat, so schwer, akzeptiert zu werden. Gewonnene Stabilität und bestimmte Verbesserungen in der allgemeinen Lebenslage sind noch nicht hinreichend. Das erschwere es, so Wagner, den früheren DDR-Bürgern zusätzlich, sich demokratiewürdig und -fähig zu erweisen.

Auf einen Nenner gebracht: Die DDR gefährdet bis auf den heutigen Tag die demokratischen Errungenschaften der BRD.

Wer in der DDR lebte, kann sich selbst ein Bild machen. Aber – nehmen wir aus methodologischen Gründen für einen Moment an, alle Charakteristika würden stimmen: Träfen sie dann nicht weitgehend auch auf die alten Bundesländer zu? Autorität, Konformität, Anpassung? Finden wir das nicht massenhaft z. B. in der Wirtschaft? Kälte – muss man sie im Westen suchen? Ein gemeinsames Unbehagen gegen Andersartige – eine Seltenheit? Nivellieren nicht fast allmächtige Medien kulturelle und individuelle Unterschiede – und zwar pausenlos gegen null?

Der demokratische Westen bleibt bei Wagner von all dem annähernd unberührt. Nur bei den Kommunisten brachten diese Dinge Unheil. Nachhaltig, wie sich zeigt. Nein, die Wagnersche Logik ist nicht jene unbestechlicher Wissenschaftlichkeit, dafür umso mehr die der Apologetik. Und die hat bekanntlich ihre eigenen Gesetze: Es ist überzubetonen, was der gewünschten Aussage entspricht und herunterzuspielen oder auch zu leugnen, was ihr entgegensteht. Außerdem ist jenen, die sich gegen diese Darstellungsart wehren, noch vorzuwerfen, sie verharren in altem Denken und es fehle ihnen an Mut zur Wahrheit.

Bei Wagner geht es in erster Linie um tendenziöse Interpretation von nichtdominanten Tendenzen in der DDR und die damit verbundenen Behauptungen, sie seien die eigentlichen Quellen für angewachsenen Rechtsextremismus in den neuen Bundesländern. Es geht um eine Betrachtungs- und Deutungsweise, die präjudiziert, die logische Folge der gewesenen »kommunistischen« Diktatur sei, dass sich deren damaliges Erziehungssystem in neonazistisches Verhalten heute transformiert hat. Das ist die Anwendung der Totalitarismusdoktrin zur »Bewertung« des »modernen« Nazismus im Osten. Wagner verbucht durchaus Wirkung.

Manche Tatsachen scheinen ihm recht zu geben. Der Eindruck wird zudem durch Medienkonzentration verstärkt. Machte man es sich leicht und argumentierte in der Auseinandersetzung mit Wagner auf gleiche Art, würden alle rechten Tendenzen nur auf die, vor allem nach 1989, aus dem Westen herübergekommenen Einflüsse zurückzuführen sein. Und: Bei der Mehrzahl der heute rechts orientierten Jugendlichen wurden etwa im zarten Alter zwischen fünf und zwölf Jahren die Keime der Anfälligkeit hinsichtlich einschlägiger Parolen gelegt.

Dass die in der DDR stets beabsichtigte und geschaffene Resistenz gegen alles Faschistische nicht die Wirkung hatte, die vielleicht denkbar gewesen wäre, liegt natürlich in unserer Verantwortung. Das Leugnen der in der Studie beschriebenen Erscheinungen, das Verweigern der Analyse und daher das Fehlen von Konzepten zur spezifischen Arbeit mit diesbezüglich anfälligen Jugendlichen trugen dazu bei, dass antifaschistische Erziehung zunehmend abstrakt wurde und an Wirkung einbüßte. Des weiteren wurden die Verharmlosungen unterschätzt, die die Nazi-Zeit in den Erzählungen so mancher Großeltern und Eltern erfuhr. Wir fühlten uns hinsichtlich des Antifaschismus zu sicher.

Schwächen des Systems waren nicht die Geburtshelfer von Rechtsradikalem. Nicht einmal der Kapitalismus erzeugt ohne weiteres Faschismus. Das leichte Spiel, das die Braunen bei einem Teil sehr junger Menschen im Osten haben, hat nicht zuletzt etwas mit den historisch außergewöhnlich harten Brüchen zu tun, denen die Kinder- und Jugend-Wendegeneration ausgesetzt war und in gewisser Weise noch ist.

Die Mitscherlichs geben in ihrem Buch »Die Unfähigkeit zu trauern«, Abschnitt »Identifikationsschicksale in der Pubertät«, wesentliche Anregungen, mit welchen Prozessen auch wir es offenkundig zu tun haben. So schreiben sie: »Wenn die in der Pubertät normalen Anstrengungen, das Über-Ich und das Ich-Ideal neu zu formen, durch eine umfassende Störung bestehender Idealformen […] zusätzlich erschwert und verwirrt werden, können gewiss katastrophale Folgen entstehen; deswegen scheint es der Mühe wert, die Entwicklung der Identifikationsnöte genauer zu betrachten, die mit einer jeweiligen Gesellschaft und deren Idealen in einem engen Zusammenhang stehen.«

Genau dieser Mühe unterziehen sich weder Wagner noch andere Betrachter. Die heute besonders anfällige Altersgruppe hat in kürzester Zeit zweimal »umfassende Störungen bestehender Idealformen« durchlebt. Sie wurde zum einen mit allen Erscheinungen des Niedergangs des sozialistischen Versuchs konfrontiert, mit einer Situation, in der sich der an sich normale Widerspruch zwischen Ideal und Wirklichkeit zu einem harschen, unlösbaren Konflikt zusammengebraut hatte. Sie musste in der Endphase der DDR bereits weitaus mehr als die normalen Pubertätsanstrengungen unternehmen, um das Zurücktreten bisher wirksamer Vorbilder zu verkraften und die vielfältigen Anläufe zu meistern, um über neue Identifikationen neue Orientierungen zu gewinnen.

Die Identifikation mit Gorbatschow und die Orientierungen der Perestroika jedenfalls erwiesen sich als Flop. Keine Kleinigkeit bei der Formung neuer Ideale. Diese Generation fand im Grunde genommen diesbezüglich kaum Brauchbares mehr vor. Ihre Lage war ebenso mit für sie ungeheuren Anstrengungen verbunden, zu einer realeren Einschätzung der Elterngeneration zu gelangen. Die Wertbeständigkeit der Identifikation mit den Eltern ist schon im Verlaufe einer unter alltäglichen Umständen verlaufenden Pubertät mit den bekannten Problemen verbunden, mit Spannungen, die nicht selten bis zu Zerreißproben gehen. Nun schien es so, als könnten keine Ideale der Elterngeneration mehr übernommen werden, noch dazu, da die Eltern selbst häufig jede Orientierung verloren hatten.

Andere verbindlich erscheinende Ideale fanden sie ebensowenig vor, und aus solch einem Mangel an Identifikationsmöglichkeiten ist es jungen Menschen in der Regel kaum möglich, jemandem oder einer Sache gegenüber so etwas wie Verantwortung zu empfinden oder gar solche zu übernehmen. Sebastian Haffner beschrieb in »Germany: Jekyll & Hyde – 1939 Deutschland von innen betrachtet« einen massenpsychologisch vergleichbaren Zustand jener Angehörigen seiner Generation, Nazis geworden waren: »Sie hatten keine Werte und keine Tradition. Die Väter hatten zum größten Teil ihre Überzeugungen aufgegeben und sehnten sich danach, von der Bühne abzutreten.«

Die Jahre 1989/90 stürzten die Kinder- und Jugend-Wendegeneration buchstäblich über Nacht in einen Konsumrausch. Sie wurde mit Pseudowerten überschüttet, die sich auf zwei Begriffe reduzieren lassen: Geld und Stärke. Gepaart waren die damit verbundenen Wünsche mit unglaublichen Illusionen über die Möglichkeiten des Kapitalismus. Diese Generation musste bis dahin für sie unvorstellbare Reizüberflutungen ertragen, im Innern leer und somit fast wehrlos. Katastrophale Folgen konnten nicht ausbleiben. Diese Generation ist nicht schlechterdings mit Identifikationsnöten aufgewachsen, sondern in einer einzigen Identifikationsnot. Erschwerend hinzu kommt folgender Umstand: Überall und allerorts wurde zum Zwecke der Erniedrigung und Denunziation der alten Macht, der DDR also, das Abschwören verlangt und praktiziert. Und die übergroße Mehrheit beteiligte sich daran. Die jungen Leute erlebten in vielen Elternhäusern, an den Schulen und andernorts ein Maß an Selbstverleugnung und Heuchelei, das jeder Beschreibung spottete. Denken wir nur an die Millionen Bücher, die auf dem Müll landeten. Der Einbruch dieses Wertdiktats, den die neue Macht, die BRD, verordnete, bedeutete gerade für junge Menschen einen Kulturschock. Und eine weitere Erschütterung folgte auf dem Fuße: All das half nichts. Millionen wurden trotz der praktizierten Unterwürfigkeit arbeitslos, evaluiert, weit unter ihrer Qualifikation eingesetzt und ähnliches mehr. Es lässt sich ohne Übertreibung sagen: Diese Generation hatte Belastungen zu ertragen, die für einen großen Teil eben nicht verkraftbar waren. Es war – unter der Flagge grenzenloser Freiheit – die Repression, dass über Nacht nichts mehr einen Wert haben durfte, was das bisherige Leben ausmachte.

Bringt man diese, meist unreflektiert erfahrene Wenderepressionsschädigung mit der sich in die Gegenwart hinein immer weiter zuspitzenden sozialen Situation in Verbindung, so wirkt der gerade unter Jungen sich breit machende Zynismus im Kontext mit äußeren Manipulationen wie eine Zeitzünderbombe. Die Mitscherlichs sprechen von einer Manipulation,»durch welche der hohe Binnendruck nach außen abgelenkt wird – der Einfall besteht darin, dass die Gesellschaft sich Hassobjekte erfindet, die außerhalb der jeweiligen Klein- oder Großgruppe existieren und denen gegenüber man asoziale oder, vielleicht genauer, präsoziale Triebverhaltensformen, also deren schieren Egoismus [...] ausleben darf. [...] Diesen Vorgang nennt man Projektion. Er kommt dadurch zustande, dass das Böse auf den Sündenbock geladen und erst in ihm erfahrbar wird.«

Genau diese Projektion findet massenhaft statt. Der Sündenbock sind vor allem die Ausländer. Die veröffentlichte Meinung initiiert, steuert und vertieft diese Massenprojektion ebenso wie die offizielle Regierungspolitik. Denken wir nur an die Grundgesetzänderungen hinsichtlich des Asylrechts.

Und diese Projektion ist denen dienlich, die die eigentlich Herrschenden sind! Verschwinden doch das Wesen des *Sharholder value* und dessen soziale Auswirkungen hinter dem Rauchvorhang der alles verschuldenden Ausländer.

Primär aus diesem Konglomerat von massenpsychologischen Verwerfungen und eiskaltem Kalkül kommt jenes soziale Milieu, das es den Rechten unter vielen Jungen so leicht macht, nicht nur im Osten; aber dort unter besonderen Voraussetzungen.»Es gibt keine Moral. Gott ist tot« würde Nietzsche heute freudvoll oder entsetzt wiederholen. Das Abnorme wird zur gewöhnlichen Brutalität, und die erfährt in den Medien alltäglich Multiplikation. Wenn schon totalitäre Kälte, dann ist es diese. Diese Art von Eiszeit ist in den Osten eingebrochen. Auch eine Marktlücke für Nazis. Sie bieten zweierlei: Brutalität bis zum Exzess und die »Geborgenheit« der Kumpanei. Die im Westen lange schon existierenden Fascho-Strukturen wussten, warum sie ihre Kader schnurstracks in den Osten beförderten, was übrigens die Studie nicht unterschlägt. Über die vielen Nazis im Osten berichten die Medien häufig und gerne. Welche Genugtuung: Die Kommunisten, so tönt es hämisch, haben ihre früheren und heutigen Todfeinde selber produziert, und Leute wie Bernd Wagner liefern zur Häme auch noch die »Theorie«.

Seit fast neuen Jahren gibt es keinen deutschen sozialistischen Versuch mehr. Die heute ganz Jungen sind bewusst in dieser BRD aufgewachsen. Die Jüngeren sind die Pubertätswendegeneration. Wer für die Chancen, die die Nazis bei einem nennenswerten Teil von ihnen haben, allein oder auch nur in erster Linie die DDR verantwortlich machen will, befördert Antikommunismus. Der hat bisher stets den Rechten genutzt.

Anmerkungen

1 Die Degussa wurde 1873 als Deutsche Gold- und Silber-Scheide-Anstalt gegründet und profitierte zwischen 1933 und 1945 durch die Judenverfolgung der Nazis, insbesondere durch die als »Arisierung« bezeichnete Raub jüdischen Eigentums. Zudem profitierte die Degussa über Firmenbeteiligungen an der Zwangs- und Sklavenarbeit und der industriellen Massenvernichtung der Juden. Die Degesch (»Deutsche Gesellschaft für Schädlingsbekämpfung mbh«), eine ihrer Tochterfirmen, lieferte z. B. das Zyklon B für Auschwitz, und in den Schmelzöfen der Degussa wurde das Zahngold ermordeter Juden verarbeitet. Nach dem Ende der Nazidiktatur erfolgten Umfirmierungen und dergleichen, heute heißt das Unternehmen Evonik Industries, vormals Evonik Degussa, mit Sitz in Essen.
2 Uwe-Jens Heuer (1927-2011), in Essen geboren, war Hochschullehrer und Direktor des Instituts für Staatsrecht an der Humboldt-Universität zu Berlin. gehörte von 1990 bis 1998 als Abgeordneter der PDS dem Deutschen Bundestag an und war einer der fünf Sprecher des Marxistischen Forums.

3 Das Hamburger Institut für Sozialforschung dokumentierte mit einer Wanderausstellung, die von 1995 bis 1999 gezeigt wurde, die Verbrechen der faschistischen Wehrmacht, insbesondere die Untaten gegen die Sowjetunion. Die Darstellung des Vernichtungskrieges widerlegte nicht nur die Legende von der »sauberen Wehrmacht«, sondern stellte klar, dass die »tapferen Feldgrauen« Massenmörder und Kriegsverbrecher waren. Das löste heftige Proteste sowohl auf der Straße, in de Medien und in Parlamenten aus. Neonazis demonstrierten gegen die »Diffamierung« der Wehrmacht und die »volksverhetzende, antideutsche Schandausstellung«, in Saarbrücken gab es 1999 einen Sprengstoffanschlag, hinter den man später die rechtsextreme Terrorgruppe »Nationalsozialistischer Untergrund« (NSU) vermutete.
4 Die HIAG (Hilfsgemeinschaft auf Gegenseitigkeit der Angehörigen der ehemaligen Waffen-SS e. V.) existierte von 1951 bis 1992. Ihr Ziel war die rechtliche Gleichstellung der Angehörigen der Waffen-SS mit den Soldaten der Wehrmacht und deren Rehabilitierung. Die Vereinigung war tragendes Mitglied im Verband deutscher Soldaten und übte einen großen Einfluss im Netzwerk der Soldaten- und Traditionsverbände der Bundeswehr aus.
5 Margarete und Alexander Mitscherlich, zwei westdeutsche Psychoanalytiker und Hochschullehrer, veröffentlichten in den sechziger Jahren das Buch »Die Unfähigkeit zu trauern«, in dem sie sich psychoanalytisch mit den Mitläufern des Naziregimes beschäftigten und die ungenügende Auseinandersetzung mit dem Faschismus in der Adenauer-Ära kritisierten. Nachdem Untergang der DDR entdeckten die verständnisvollen Aufarbeiter das Werk und deren Schöpfer und hielten es für hilfreich bei der intellektuellen Klärung der Ursachen und der Beurteilung des Realsozialis. Das Buch hatte vielleicht ein reichliches Jahrzehnt Konjunktur.
6 Die Zionskirche in Berlin-Mitte war ein Anlaufpunkt der »Opposition« in den späten achtziger Jahren. Am 17. Oktober 1987 spielte dort die Westberliner Band »Element of Crime« vor 2000 Menschen. Etwa dreißig Skinheads aus Ost- und Westberlin überfielen das Publikum, Die Polizei handelte verspätet, die Gerichtsurteile gegen die Täter gielen eher harmlos aus, worauf nach Protesten das Verfahren revidiert und höhere Strafen verhängt wurden. Danach begannen die Schutz- und Sicherheitsorgane wie auch die Führung der DDR das Thema Rechtsextremismus unter DDR-Jugendlichen zu untersuchen.

Der für die »Mitteilungen« 10/1998 geschriebene Beitrag wurde dem von Ellen Brombacher, Thomas Hecker, Jürgen Herold, Friedrich Rabe und Werner Wüste herausgegebenen Band »Klartexte. Beiträge zur Geschichtsdebatte« entnommen, erschienen 2009 im verlag am park in der edition ost, Berlin

Das Schweigen aber ...
Es ist keine Alternative*

Von Ellen Brombacher

Auf der gegen die israelische Aggression im Gaza-Streifen gerichteten Demonstration am 17. Januar 2009 in Berlin trug ein vor mir laufender Mann ein Plakat mit der Aufschrift: »Schluss mit dem Holocaust im Gaza.«

Ich kämpfte lange mit mir. Ich fragte mich: Habe ich in Anbetracht der grauenhaften Ereignisse in Gaza das moralische Recht, dem Mann – es war, wie ich später erfuhr, ein Palästinenser – zu sagen, dass dies ein unzulässiger Vergleich ist? Zugleich bewegte mich die Frage: Habe ich im Wissen um die Shoah das Recht, dieses Plakat einfach zu übersehen? Schließlich sprach ich ihn an. Als er mir all die furchtbaren Tatsachen aufzählte, die das Leben und Sterben der Palästinenser in Gaza bestimmen – die Blockade, die Bombardements, die ermordeten Kinder – antwortete ich ihm, eben deshalb sei ich hier, und ein Verbrechen müsse als Verbrechen benannt werden dürfen. Dennoch sei der Vergleich mit dem Holocaust nicht richtig und schade daher auch dem Anliegen der Demonstration.

Hier schaltete sich seine Gefährtin, eine Deutsche, ein. Sie teile meine Auffassung. Deshalb sei sie auch nicht bereit gewesen, dieses Plakat zu tragen.

Welcher Gruppierung ich angehöre, fragte mich der Mann. Ich sei Kommunistin, Mitglied der LINKEN; sei Deutsche und Jüdin. Erstaunen. Und dann die Frage: »Und dennoch bist du hier?«

»Selbstverständlich. Ich verurteile die israelische Aggression.«
Wir verabschiedeten uns. Kurze Zeit darauf trug der Palästinenser das Plakat nicht mehr. Wir verloren uns zunächst aus den Augen. Eher keine so zu erwartende Geschichte. Jenseits von Stereotypen. Auch deshalb sei diese gegen eine von Vorurteilen dominierte Äußerung Stephan J. Kramers, Generalsekretär des Zentralrats der Juden in Deutschland, gesetzt. »Weltweit«, so Kramer am 15. Januar 2009, »wird der Ruf nach einer sofortigen Einstellung der israelischen Operation im Gaza-Streifen laut und lauter. Und wieder steht der Judenstaat in der Öffentlichkeit als der Friedensverweigerer da. Quod erat demonstrandum – die bösen Juden, jubeln die üblichen Kritiker, und viele, die es nicht besser wissen, stimmen ihnen zu.«

Hat Kramer in Anbetracht von Hamas-Raketen auf Südisrael recht? War der Ruf nach einer sofortigen Einstellung der als Selbstverteidigung deklarierten israelischen Operation im Gaza-Streifen fragwürdig oder gar antisemitisch geprägt?

Ich meine: Nein.

Bietet die Verurteilung dieses Krieges Antisemiten Spielräume? Durchaus.

Muss also zum Krieg schweigen, wer sich dem Vorwurf nicht aussetzen will, Antisemit zu sein?

Und umgekehrt: Dürfen wir antisemitische Töne tolerieren, weil Israels Krieg so abscheulich ist?

Dem Nahost-Konflikt lässt sich weder unter der Losung »Tod Israel!« beikommen noch mit jenen im BAK Shalom[1] üblichen Phrasen. Wer, wie dieser beim – der LINKEN nahestehende – Jugendverband ['solid] angesiedelte Bundesarbeitskreis Shalom, die Solidarisierung mit den von Besatzerwillkür geschundenen Palästinensern ablehnt, der sollte für sich nicht in Anspruch nehmen, Lehren aus dem Faschismus gezogen zu haben. Okkupationspolitik im Sonderfall Absolution zu erteilen, weil die heute in Israel Herrschenden vorgeben, ihre Politik diene den Interessen einer über Jahrhunderte verfolgten Minderheit, kann nicht die Sache von Linken sein.

Seit mehr als vierzig Jahren hat Israel – gegen die Weltmeinung und die der UN – palästinensisches Gebiet okkupiert und dessen Bewohner um ihr Selbstbestimmungsrecht betrogen; seit fast zwanzig Jahren, und zwar bevor die ersten Selbstmordanschläge stattfanden, hat Israel den Gaza-Streifen, gipfelnd in einer völligen Blockade, abgeriegelt. Nicht denkbar ohne die USA, schwer vorstellbar ohne die EU. Und da sollen die Linken, zu deren Selbstverständnis doch seit je ihre Mitwirkung beim Emanzipationskampf aller Menschen und Völker gegen Ausbeutung und Unterdrückung gehört, schweigen?

Zugleich ist es Pflicht der Linken, nicht zu ignorieren, dass der Antisemitismus zunimmt, eine üble Flut; verbrecherisch in seinem Ergebnis. Alte, schon von den Faschisten hochgeputschte »Theorien« über die jüdische Weltverschwörung werden an Stammtischen erneut »diskutiert«.

Und die Holocaust-Leugnung ignorierend, nutzt ein deutscher Papst[2] die Gunst der Stunde. Nichts rechtfertigt dies. Niemand sollte die verheerende Tradition bedienen, die da meint, am Antisemitismus seien die Juden selber schuld.

Ich weiß, dass es manchmal schwer ist, genau zu bestimmen, wo Grenzen überschritten werden und Kritik an Israel in das Wiederaufleben antijüdischer Ressentiments übergeht. So wenig der Vorwurf gerechtfertigt ist, Kritik an Israel sei per se antisemitisch, so wenig ist Antisemitismus unter der Flagge der Israelkritik ein Kavaliersdelikt.

Die Linken müssen diese Gratwanderung bewältigen, weil alles andere Spaltung bedeutet. Das ist ein ungeheurer Anspruch an unseren Intellekt und an die emotionale Intelligenz. Noch einmal: Die Existenz von Antisemitismus liefert keine Begründung für die Akzeptanz der israelischen Regierungspolitik und die von Heuchelei begleitete, zur Staatsräson erklärte, vorbehaltlose Unterstützung dieser Politik durch die Offiziellen der BRD. Das Vorhandensein von Antisemitismus entschuldigt auch nicht, dass Klaus Lederer (DIE LINKE) am 1. Januar 2009 sich dazu hergab, ausgerechnet auf einer erklärtermaßen die israelische Aggression rechtfertigenden Kundgebung[3] zu sprechen. Und ich schreibe dies in Kenntnis der dort von ihm gehaltenen Rede.

Zugleich gilt: Das Wissen um den latent vorhandenen Antisemitismus und um die Möglichkeit für Antisemiten, diesen in scheinbarer Kritik an Israel auszuleben, verpflichtet nicht zum Schweigen, sehr wohl aber zu angemessenen Tönen, die jeden Verdacht unmöglich machen, Judenhass sei im Spiel. Oder welcher Verdacht sonst sollte aufkommen, wenn auf Demonstrationen Parolen ertönen wie »Tötet alle Juden«, »Judenschweine« oder »Juden raus«?

Freilich: Letzteres kostet niemanden das Leben – gegenwärtig! Aber Antisemitismus lässt sich nicht verhandeln ohne Geschichtsbezug. Und auch die schrecklichen Geschehnisse im Nahen Osten lassen sich nicht ohne diesen Rückblick verstehen.

Ich teile die von Moshe Zuckermann[4] im April 2008 in der Rosa-Luxemburg-Stiftung geäußerte Position: »Was immer inzwischen am israelischen Shoah-Gedenken ideologisiert worden ist, in Abrede kann nicht gestellt werden, dass die Shoah noch immer als Grundmatrix der israelischen Staatsgründung erachtet werden muss.«

Um jedes Missverständnis zu vermeiden: Weder die Jahrhunderte andauernde grausame Verfolgung der Juden noch Auschwitz als Symbol des Unfassbaren und doch so real Gewesenen rechtfertigen das schlimme Schicksal der Palästinenser: Den ihnen alltäglich widerfahrenden Rassismus, die Vertreibungen, ihr

Elendsdasein in Flüchtlingslagern, die ungesühnten Massaker von Sabra und Schatila[5], die Blockade Gazas, die Kriege von 1967, 1982 und 2007 sowie die jüngste, Menschenrechte zerfetzende Aggression.

Im Gegenteil: Auschwitz ist der Schrei nach Menschlichkeit. Aber Auschwitz ist auch der Schrei: »Mit uns nie wieder!« Der ist ebenso berechtigt, wie er missbrauchbar ist. Und er wird von den Herrschenden in Israel unerträglich missbraucht. Und die sind nicht isoliert. Sie vertreten zugleich die imperialistischen Interessen der USA und der NATO in der Region.

Dass der seine Waffen auf Palästinenser richtende, die Uniform der israelischen Streitkräfte tragende Enkel des Auschwitz-Überlebenden nicht an imperiale Interessen, aber vielleicht – in der Überzeugung, das Existenzrechts Israels zu verteidigen – an seine im Gas erstickten Vorfahren denkt, ist von tiefer Tragik.

An der imperialen Interessenlage ändert dies nichts! Und für die geschundenen Palästinenser – zumal sie daran keinerlei Schuld tragen – sind die aus der Geschichte der Juden resultierenden Traumatisierungen nicht nachvollziehbar. Zu sehr ist ihre Gegenwart traumatisierend.

Für politisch aufgeklärte Menschen kann es nur einen Weg geben, sich der Lage im Nahen Osten zu stellen: Die realen Interessen zu analysieren, um die es dort wirklich geht, gepaart mit einem hohen Maß an emotionaler Intelligenz, welche die aus der Geschichte beider Völker resultierende Brisanz des Nahost-Konflikts erfasst. Solcherart Herangehen lässt weder Platz für irgend eine Spielart des Rassismus im Umgang mit den Palästinensern, die Islamophobie eingeschlossen, noch für den mörderischen Antisemitismus.

Man lese wieder einmal das Standardwerk »Der gelbe Fleck« von Rosemarie Schuder und Rudolf Hirsch. Und ich empfehle nachdrücklich Hans Lebrechts Schrift »Die Palästinenser« – ein einzigartiges Lehrbuch. Auch wenn er es bereits vor einem Vierteljahrhundert geschrieben hat, sind doch die von ihm beschriebenen Ursachen und Charakteristika des Nahost-Konflikts in den seitdem vergangenen Jahrzehnten im Wesentlichen geblieben. Einseitigkeiten und Verkürzungen wird man bei ihm vergeblich suchen. Er schreibt über die verheerende Rolle der britischen Kolonialmacht bei der Schürung der Konflikte zwischen Palästinensern und Juden ebenso wie über das konfliktschürende Verhalten der Protagonisten des Zionismus und der arabischen Reaktion. Einfache Antworten auf eines der kompliziertesten internationalen Probleme lässt er nicht zu, und zieht wohl gerade deshalb mit Selbstverständlichkeit den Schluss, dass in diesem Konflikt zweifelsfrei die um ihre verbrieften Rechte kämpfende palästinensische Bevölkerung die Hauptlast trägt.

Durch die Jahrzehnte hindurch blieben auch die unabdingbaren Forderungen aktuell, dass es weder eine Existenz des jüdischen Volkes auf Kosten des palästinensischen geben darf noch eine Infragestellung der Existenz des Staates Israel. Ein solcher Zustand ist nicht herstellbar ohne den Rückzug der israelischen Armee aus den widerrechtlich besetzten Gebieten, ohne die Beendigung der Siedlungspolitik und ohne Lösung der Flüchtlingsfrage.

Auch in der LINKEN ist der Streit über all diese Fragen entbrannt, so darüber, ob die Partei der Staatsräson verpflichtet ist, wenn es um das Verhältnis zu Israel geht. Ich gehöre zu jenen, die sich diese Diskussion nicht gewünscht haben. Andere haben sie provoziert. So der BAK Shalom und dessen Unterstützer. Der BAK Shalom versteht sich selbst als »Plattform gegen Antisemitismus, Antiamerikanismus und regressiven Antikapitalismus«. In seiner Grundsatzerklärung heißt es: »Dass Linke häufig reaktionäre Regime verteidigen, statt diese zu kritisieren, resultiert aus einem obsoleten Antiimperialismus. [...] Das Kernstück des Antiimperialismus ist der Hass auf die Vereinigten Staaten von Amerika, auf die alle Übel der Welt projiziert werden. Im schlimmsten Falle wird die vermeintliche jüdische Dominanz angeprangert. Dies ist die offenen Flanke hin zum Antisemitismus.«

Mit anderen Worten: Wer aggressive, expansionistische US-Politik kritisiert, muss damit rechnen, dass ihm Antisemitismus vorgeworfen wird. Mit diesem Vorwurf verbindet sich eine Ungeheuerlichkeit: Das Gedenken an die sechs Millionen grauenhaft ermordeter Juden soll, einem moralischen Schutzschild gleich, vor das aggressive Agieren des »modernen« Imperialismus gehalten werden. Unübersehbar die Absicht: Antikapitalistische und antiimperialistische Kämpfe sollen diskreditiert werden.

Letztlich geht es dabei vor allem darum, die in der Partei DIE LINKE und im ihr nahestehenden Jugendverband gleichermaßen vorhandenen friedenspolitischen Prinzipien über Bord zu werfen. In einer von namhaften Unterzeichnern getragenen Erklärung »Staatsräson und Regierungsbeteiligung«, Mai 2008, erfolgt die prinzipielle Auseinandersetzung mit dieser Absicht.

Um auf den Anfang meines Artikels zurückzukommen: Nachdem ich mich an jenem 17. Januar 2009 von dem Palästinenser und seiner deutschen Gefährtin verabschiedet hatte, trafen wir bei der Abschlusskundgebung am Brandenburger Tor noch einmal aufeinander. Miteinander redend, so als kannten wir uns seit langer Zeit, gingen wir dann gemeinsam bis zum Potsdamer Platz. Es wurde zu einem wichtigen Miteinandersprechen – für uns alle drei. Zum Abschied umarmten wir uns, und ich wünschte mir, dass ich die beiden nicht aus den Augen verliere. Aus meinem Gedächtnis ganz sicher nicht.

Anmerkungen

1 BAK Shalom heißt ein seit 2007 bestehender Bundesarbeitskreis der *Linksjugend solid*, der sich als »Plattform gegen Antisemitismus, Antizionismus, Antiamerikanismus und regressiven Antikapitalismus« versteht.
2 Gemeint ist Papst Benedikt XIV., eigentlich Joseph Ratzinger, von 2005 bis 2013 Oberhaupt der katholischen Kirche. Er hatte vieldeutig erklärt: »Jesus war Jude und ist es geblieben.«
3 Der Vorsitzender der Berliner Linkspartei hatte auf einer Kundgebung gesprochen, die den Bombenterror gegen die palästinensische Bevölkerung uneingeschränkt unterstützte. »Israels Selbstverteidigung ist legitim und kein Verbrechen!«, hatte es im Demonstrationsaufruf geheißen. »Die islamistische Diktatur der Terrororganisation Hamas muss dauerhaft beendet werden!«
4 Moshe Zuckermann, Sohn polnisch-jüdischer Holocaust-Überlebender, in Israel geboren und lebend, Soziologe und emeritierter Professor für Geschichte und Philosophie an der Universität Tel Aviv. Zuckermann gehörte 2021 zu den Unterzeichnern der Jerusalemer Erklärung zum Antisemitismus, die eine Neudefinition des Antisemitismusbegriffs versucht.
5 Vom 16. bis 18. September 1982 stürmten libanesische Milizionäre die palästinenischen Flüchtlingslager von Sabra und Schatila, südlich des Stadtgebiets von Beirut gelegen. Die Militärs verstümmelten, folterten, vergewaltigten und töteten überwiegend Zivilisten, unter ihnen viele Frauen, Kinder und Alte. Die genau Zahl der Opfer konnte nie geklärt werden, sie schwankt zwischen 460 und 3000. Am Tag vor Beginn des Massakers waren die Lager von israelischen Truppen umstellt worden. Die israelische Armee traf eine Abmachung mit der christlichen Phalange-Miliz, die vorgab, die vermeintlich in den Flüchtlingslagern befindlichen Verantwortlichen eines Anschlags ausfindig zu machen und sie den Israelis zu übergeben. Dieses Massaker wurde von der Generalversammlung der Vereinten Nationen am 16. Dezember 1982 als Genozid gewertet und verurteilt.

* Aus: *Neues Deutschland* vom 31. Januar 2009

Vom »Judesein«
und »missachtetem Jüdischen«

Von Detlef Josef*

Der Vorwurf, die SBZ/DDR habe sich nicht frühzeitig genug um die Beurteilung der massenhaften Judenvernichtung gekümmert, geht insofern an den Tatsachen vorbei, als der von den Nazis seit 1941 praktizierte Massenmord als »Endlösung der Judenfrage« auch nach der Zerschlagung des deutschen Faschismus in seiner Schrecklichkeit erst sukzessive in das Bewusstsein der Menschen Eingang fand.

Man sollte schon zur Kenntnis nehmen, dass beispielsweise das Potsdamer Abkommen vom 2. August 1945 kein Wort über die Juden und deren Schicksal verliert, wie Victor Klemperer in seinem Tagebuch mit offenkundiger Bestürzung vermerkte. Dabei war Auschwitz zu diesem Zeitpunkt längst bekannt. Offensichtlich nahmen die Alliierten im Rahmen der Kenntnis des allgemeinen nazistischen Massenmords den Massenmord an den Juden in den Bestand der nazistischen Grausamkeiten auf, ohne die Spezifik dieses Massenmordes für besonders nennenswert zu erachten.

Wenn heutzutage westliche Autoren über die »jüdische Frage« und die »Endlösung« schreiben, dann wird oft so getan, als ob das nach und ab 1945 »schon immer« im öffentlichen Bewusstsein präsent war. Tatsächlich gab es Zeiten der »Öde« hinsichtlich des Erinnerns und des Wissens von der Massenvernichtung der Juden. Es ist insofern durchaus nützlich, sich daran zu erinnern, wann denn zum Beispiel die gewissermaßen als Vorreiter des Befassens mit dem nazistischen Verbrechen an den Juden angesehenen US-Amerikaner sich diesem Massenmord zugewandt haben. Aufschluss gibt beispielsweise Peter Novick. Der US-Historiker schrieb: »Zwischen dem Kriegsende und den sechziger Jahren tauchte (*der Begriff* – D. J.) Holocaust im öffentlichen Diskurs der Vereinigten Staaten kaum auf.«

Es hätte sich nur eine Handvoll Bücher mit dem Holocaust befasst, und diese hätten kaum Leser gefunden. [...]

In den Westzonen bzw. der BRD war die Judenermordung einige Zeit lang kein besonderes Thema. Aufmerksamkeit erregte 1958 der erste bundesdeutsche Prozess gegen NS-Verbrecher – das war der Ulmer Prozess gegen die Einsatzgruppenkommandos. Erst im Verlaufe der sechziger Jahre gab es Ereignisse, in deren Folge diese NS-Vergangenheit Gegenstand einer öffentlichen Diskussion wurde. Mit Aufmerksamkeit wurde der Jerusalemer Eichmann-Prozess von 1961 verfolgt, wobei die Bonner Obrigkeit sorgsam bemüht war zu vermeiden, dass Hans Globke, bekanntlich Staatssekretär im Bundeskanzleramt und vordem ein NS-Verantwortlicher bei der Verfolgung jüdischer Menschen, in Verbindung zu Eichmann gebracht wurde.

Wichtig war auch der Frankfurter Auschwitz-Prozess 1963, der gerichtsnotorisch fixierte, in welchem Umfang die systematische Tötung von Juden praktiziert wurde. [...]

Aufgrund der US-amerikanischen Fernsehserie »Holocaust«, die 1978 die *ARD* ausstrahlte, wurden auch in der Bundesrepublik endlich die nazistischen Verbrechen gegen die Juden Thema. Der Massenmord an den Juden gewann fortan in der Betrachtung der faschistischen Untaten einen gewissen Vorrang. [...]

1992 löste der einstige DDR-Historiker Olaf Groehler in der Zeitschrift *konkret* eine Diskussion darüber aus, ob die DDR-Geschichtsschreibung Hinreichendes zur »Aufarbeitung« der nationalsozialistischen Judenverfolgung getan habe. Groehler behauptete, dass »Gleichgültigkeit, Intoleranz und theoretische Enge« geherrscht habe. Was zum Thema geleistet wurde, sei im internationalen Vergleich unzureichend gewesen und dem antifaschistischen Selbstverständnis des Staates nicht gerecht geworden.[1]

Kurt Pätzold[2] wies den Vorwurf mit dem Hinweis zurück, dass die DDR-Geschichtswissenschaft »bei weitem nicht die einzige, zeitlich nicht die erste und niemals die erstrangige Quelle (gewesen war), aus welcher der Bürgerschaft in Ostdeutschland Wissen über das Leben, Leiden und Sterben der Juden unter der Naziherrschaft zufloss«. Die Auseinandersetzung mit der Rassenideologie und ihrer Ausprägung in der Praxis des Antisemitismus habe lange vor der Zeit begonnen, zu der sich die Geschichtswissenschaft dieser Thematik näherte.

Es ist merkwürdig, dass, soweit ich das übersehen kann, keiner es bemerkt zu haben scheint, dass es [...] Schulungsmaterial der KPD/SED gab. (Statt dessen wird als Beweis für eine »antisemitische DDR« genommen, dass der Aufruf des Zentralkomitees der KPD vom 11. Juni 1945 es vermieden habe, »die Juden als Hauptopfer der nationalsozialistischen Vernichtungspolitik zu benennen«.[3])

Bereits im Januar 1946 publizierte das Zentralkomitee der KPD im ersten Heft seiner theoretischen Zeitschrift *Neuer Weg – Monatsschrift für aktuelle Fragen der Arbeiterbewegung* einen Aufsatz mit dem Titel »Das Wesen des Rassismus«, der dem »ideologischen Kampf« gewidmet war. Darin heißt es unter anderem, dass die nazistische Rassentheorie sich gegen andere Völker richtete, »vor allem aber gegen die Juden und die slawischen Völker«, dass der Rassismus »in einer schamlosen Hetze gegen die Juden« gewirkt und zur »gewaltsamen Vernichtung von Millionen Juden« geführt habe.

Nicht unwichtig war, dass für die Schulung der SED-Mitglieder in der Reihe *Sozialistische Bildungshefte* 1947 ein Heft zum Thema »Die Rassenlüge der Nazis« herausgegeben wurde. [...]

Die DDR nachträglich zu beschuldigen, sie habe das Schicksal der jüdischen Menschen nach 1945 lange Zeit ignoriert, ist ungerecht und unwahr. Zwar stimmt es, dass der kommunistische Widerstand und die antifaschistische Haltung im allgemeinen betont wurden, ohne jüdischen Widerstand besonders hervorzuheben, aber das Schicksal der Juden selbst wurde seitens der DDR insbesondere in den Bereichen Literatur und Kunst dargestellt. Bis 1990 erschienen dazu mehr als tausend Publikationen.

[...]

Es ist so eine Sache mit dem Judesein. Als der *Spiegel* konstatierte, dass in den assimilierten Familien das Judentum häufig keine große Rolle mehr spiele, und die britisch-deutsche Cellistin Anita Lasker-Wallfisch gefragt wurde, wie das bei ihr gewesen sei, antwortete diese: »Wissen Sie, das Judesein ist ein ziemliches Problem. Man weiß im Grunde nicht, was das ist. Man gehört sozusagen einer Leidensgemeinschaft an. Das verbindet uns. Aber wir sind so verschiedenartig. Das möchte man gern in die Köpfe der Menschen hineinbekommen, die Juden en gros hassen, weil sie anders sind. Wir sind untereinander auch vollkommen anders! Ja, im Grunde ist es nur eine Gemeinschaft, die viel durchgemacht hat, nicht nur den Holocaust.«[4]

Gelegentlich [...] wird der DDR negativ angerechnet, dass sie die Juden nur als Religionsgemeinschaft und nicht als Volksgruppe oder Schicksalsgemeinschaft wahrgenommen und akzeptiert hat. Wenngleich es sich in der Tat so verhält, ist dies aber keineswegs als sträflich anzusehen. Zumal eine nicht unwesentliche Anzahl jüdischer Menschen überhaupt keinen Bezug zu dieser Religionsgemeinschaft hat und – was besonders bei sozialistischer oder kommunistischer Einstellung oder bei Assimilierten der Fall ist – keinen Wert darauf legte, als Jude kenntlich zu sein bzw. angesprochen zu werden.

Mit dem Untergang der DDR hatte bei manchen Personen eine Erinnerung an das Judentum Konjunktur. Einige tun heute so, als hätten sie isoliert und einsam in der DDR gelebt, oftmals unbewusst bezüglich einer jüdischen Abkunft, weil die Eltern aus unterschiedlichem Interesse ihre Abstammung nicht offen bekannt machten. Möglicherweise hat man aus dieser Erscheinung die Behauptung gewonnen, die DDR habe erst kurz vor ihrem Ende versucht, »ihr gestörtes Verhältnis zum jüdischen Staat und ihren jüdischen Mitbürgern in Ordnung zu bringen«.[5]

In Leserbriefen wurde von DDR-Bürgern das Befremden über diese Ansicht geäußert. Im Alltag der DDR sei eine Unterscheidung Jude-Nichtjude überhaupt nicht üblich gewesen. Dass die Eltern es damals für wichtiger hielten, als Sozialisten/Kommunisten an der Gestaltung der sozialistischen DDR mitzuwirken, statt die jüdische Abstammung zu betonen, zählt bei diesen ihren Kindern nicht. Norbert Podewin hat das eigentlich Unverständliche der Situation auf treffliche Weise in der »Vorbemerkung« seiner Biografie Albert Nordens[6] deutlich gemacht. Er zitiert darin aus einem Beitrag von Heinz Voßke im *Neuen Deutschland* am 4. Dezember 1984, in welchem der Leiter des Zentralen Parteiarchivs an den 80. Geburtstag des ein halbes Jahr zuvor verstorbenen Norden erinnerte. »Sein Vater war ein angesehener Akademiker, der in humanistischer Tradition und gleicherweise im Lateinischen, Griechischen und Hebräischen wie in den deutschen Klassikern zu Hause war.«[7]

Podewins sarkastischer Kommentar: »So wortreich kann man den Fakt umschreiben: Sein Vater war Rabbiner.« Er fügte allerdings hinzu, dass der Autor des Artikels sich allerdings an Albert Norden selbst gehalten hatte, denn dieser hatte 1981 den zitierten Satz fast wörtlich so geschrieben. Wobei Norden die Tatsache, dass sein Vater Jude war, dadurch durchschimmern ließ, dass er anmerkte, seinem Vater sei angesichts der Judenverfolgungen in der Hitlerzeit von Briten Hilfe angeboten worden, den Verfolgungen zu entgehen, die sein Vater allerdings ablehnte.[8]

Meist mit dem Ausdruck größten Bedauerns konstatieren die jüdischen Nachkommen, dass sie ihr jüdisches ICH erst nach dem DDR-Untergang hätten entfalten können. Dabei setzen sie den Beginn ihrer Zerrissenheit in der gelebten DDR-Realität immer früher an. Herauskommen soll ein von der DDR zu verantwortendes Zwanghaftes und das Jüdischsein Unterdrückendes. Man kann schlecht dagegen sprechen, wenn solche Gefühle behauptet werden, es ist nur merkwürdig, wie diese Gefühle immer zunehmender den Vorwurf einer Repression artikulieren, so dass am Ende nur ein verdammenswürdiges Dasein, das sich sozialistischer Staat nannte, der zudem antisemitisch gefärbt gewesen sei, übrig bleibt.

[...] Dabei sollten sich die Anklagenden und ihr Schicksal Beklagenden einmal die Worte von Anna Seghers zu Gemüte führen, die diese 1959 in einem Interview zu ihren Büchern aussprach: »Mir war die Hauptsache zu zeigen, wie in unserer Zeit der Bruch, der die Welt in zwei Lager spaltet, auf alle, selbst die privatesten, selbst die intimsten Teile unseres Lebens einwirkt: Liebe, Ehe, Beruf sind so wenig von der großen Entscheidung ausgenommen wie Politik oder Wirtschaft. Keiner kann sich entziehen, jeder wird vor die Frage gestellt: Für wen, gegen wen bist du?«[9]

All jene, die heute eine vorgebliche Zurückdrängung ihres Judentums durch die sozialistische Realität behaupten und als Vorwurf erheben, sollten wenigstens bedenken, dass die Spaltung der Welt in die zwei großen Blöcke nicht eine unwahre Behauptung der Sozialisten/Kommunisten, sondern steinharte Realität war. Mit entsprechenden Konsequenzen für das individuelle und das gesellschaftliche Leben. Warum wird eigentlich nicht akzeptiert, dass Kommunisten sich vom Judentum entfernten, ohne dazu gezwungen worden zu sein?

Heutzutage wird regelmäßig angenommen, ein Verlassen der Judenheit sei die Folge ideologischer Pression der Partei gewesen. Dass die Eltern ihr Judentum verschwiegen, weil sie ein solches nicht verspürten, wird ihnen negativ angerechnet.

Von Eva Grünstein ist das markant gegen ihre Eltern dargetan worden.[10] Wobei es eigentlich überhaupt nicht korrekt ist, generell von einem »Verschweigen« auszugehen.

Jürgen Kuczynski wurde gefragt, welche Rolle seine jüdische Herkunft in seinem Leben gespielt habe. Seine Antwort: »Überhaupt keine. Wohl aber die politische Tradition.«

Die nächste Frage: »Hinterließ das Bewusstsein, jüdisch zu sein, in ihrer Familie überhaupt keine Spuren?«

Die Antwort: »Wir hatten eine rassische, doch nie eine religiöse Bindung an das Judentum. Bis hinunter zum Großvater meines Urgroßvaters waren wir immer Freidenker, die keiner Religion angehörten.«[11]

Kritiker von heute, die bei der Beurteilung der vergangenen Realität regelmäßig das Wirken des Sozialismus schlecht und das des Kapitalismus als gut, erstrebenswert, friedfertig und menschenfreundlich beurteilen, sind weit ab von der Wirklichkeit, sie mögen das noch so konsequent bestreiten. Der aktuelle Sieg des Kapitalismus ist noch längst nicht der Beweis für die Richtigkeit dieser in Wirklichkeit maroden kapitalistischen Welt.

Es ist zudem bemerkenswert, dass heutzutage offenbar nur der- oder diejenige als »guter DDR-Jude« angesehen wird, der oder die sich in der DDR einerseits offen als Jude bekannte und sich andererseits mindestens permanent kritisch zur DDR artikulierte. [...]

Resümierend könnte man konstatieren, was Peter Kirchner[12], auf die DDR angesprochen, im August 1995 mitzuteilen wusste: »›Ich bin mit diesen vierzig Jahren nicht uneins. Einige sagen, sie hätten nur gelitten. Ich kann es nicht nur verurteilen. Das Zusammenleben war viel harmonischer, die Menschen waren herzlicher zueinander.‹ […]«[13]

Ich bin kein Jude. Wahrscheinlich fällt es mir deshalb schwer zu verstehen (zu ergründen), was denn eigentlich »das Jüdische« sein soll. Sieht man einmal von der Tatsache ab, dass die jahrhundertelange Zwangsabstinenz in der Wahl bestimmter Berufe und Tätigkeiten dazu führte, dass bestimmte Bereiche von Menschen vertreten wurden, die überragende kulturelle und wissenschaftliche Leistungen vollbrachten, was sich möglicherweise als Konsequenz daraus ergab, dass sie sich auf die »judenfreien« Lebensbereiche konzentrieren konnten (und mussten) und deshalb in diesen Lebensbereichen Hervorragendes leisteten, dann fällt es einem eben schwer, »das Jüdische« zu erkennen bzw. zu verstehen.

Anfang 2009 hieß es in einen Zeitungsartikel über Rosa Luxemburg, sie habe in ihrem Denken keinen »jüdischen« Aspekt und in keiner Phase ihres Lebens und Wirkens ein überdurchschnittliches Interesse an jüdischen Problemen erkennen lassen.[14]

»Jüdische Probleme« sind mir verständlich. Sie umfassen alle Bereiche und Gegenstände des Lebens der Juden einschließlich der Existenz und der Abwehr des Antisemitismus.

Was aber »jüdische Aspekte« des Denkens sein sollen, ist mir fragwürdig. Es sei denn, es wären Elemente der jüdischen Gottesgläubigkeit gemeint, was dann allerdings die Ebene des Rationalen verlassen würde, über die nicht zu streiten wäre. Merkwürdig ist in diesem Zusammenhang ein Phänomen. Besonders gern wird heutzutage von einigen Menschen jüdischer Herkunft vorgebracht, sie hätten in der DDR von ihren Eltern oft nicht erfahren, dass sie jüdischer Abstammung seien. Das hätte sie überrascht und bestürzt gemacht.

Abgeleitet aus solchen den Eltern angelasteten Beispielen wird dann geschlussfolgert, man habe es mit *Antisemitismus* zu tun, weil die Eltern aus unterschiedlichem Interesse ihre Abstammung nicht offen kundgetan hätten. Einige Kinder solcher Eltern verbreiten in ihrem heutigen Auftreten oft den Eindruck stärkster Betroffenheit, was gern als Beweis für einen schändlichen DDR-Antisemitismus gewertet wird. Dass die Eltern es damals für wichtiger hielten, als Sozialisten/Kommunisten an der Gestaltung der sozialistischen DDR mitzuwirken, statt die jüdische Abstammung zu betonen, zählt bei diesen Kindern dann nicht. Mit dem Untergang der DDR hat nun bei manchen Personen die Erinnerung an das Judentum Konjunktur. [...] Wer sich sein ganzes Leben für den Sozialismus engagierte und Jude war, ohne das unbedingt ständig zu betonen, hatte und hat in der bundesdeutschen Bewertungsskala keine Chancen.

Als Beispiel seien Dora Schaul (1913-1999) und Ruth Werner (1907-2000) genannt, deren Lebensleistungen durch die Benennung von Straßen anerkannt werden sollten. So jedenfalls der Wunsch einiger Bürger in Berlin Treptow-Köpenick. Die Anträge wurden von der Mehrheit der Bezirksverordnetenversammlung abgelehnt.

Dora Schaul emigrierte 1933 nach Frankreich, kam in ein Internierungslager, flüchtete und war bis zur Befreiung mit gefälschten Papieren für die Resistance tätig. Ihr Kampf wurde im März 2006 in Frankreich durch die Verleihung ihres Namens an eine Straße in Brens nahe Toulouse öffentlich gewürdigt, eine Straßenbenennung im heutigen Deutschland wurde abgelehnt, da Dora Schaul sich auch für den Staat DDR engagiert hatte. Inzwischen wurde auf private Initiative an ihrem Wohnhaus eine Gedenktafel für sie angebracht.

Ruth Werner hat unter Einsatz ihres Lebens für die Sowjetunion als Kundschafterin gearbeitet. Unter anderem und insbesondere ist sie bekannt durch ihr Buch »Sonjas Report«.[15]

Von der Berliner Bezirksverordnetenversammlung Treptow-Köpenick wurde eine Straßenbenennung abgelehnt. Ein NPD-Abgeordneter dieser Versammlung beschimpfte sie als »Verräterin«. Zuvor hatte man allerdings bereits Straßen-Radikalumbenennungen praktiziert. So verschwand der Name des jüdischen Antifaschisten Albert Norden 1992 durch Beschluss der örtlichen Volksvertretung. Zu seinen Ehren war 1984 eine Straße in Berlin-Marzahn/Hellersdorf benannt worden. Sie wurde in Cecilienstraße zurückbenannt.[16] Nordens Vater war als Oberrabbiner 1943 im KZ Theresienstadt ermordet worden, Albert Norden hatte wesentlichen Anteil an der Schaffung des »Braunbuchs über Nazi- und Kriegsverbrecher in der Bundesrepublik«, mit dem 1.400 belastete Alt-Nazis entlarvt worden waren.

[...]

Verschiedentlich hat Stephan Hermlin in seinen Publikationen auf den Antisemitismus und die Juden verwiesen. So analysierte er 1968 in einem Aufsatz[17] die in München erscheinende *Nationalzeitung* und deren Befassen mit den Juden und dem Antisemitismus. Er konstatierte, dass das DVU-Blatt bereit sei, jene Juden, die die nazistischen Mordtaten überlebten, »in gute und schlechte Juden einzuteilen. [...] Gute Juden, also jüdische Deutsche sind solche, die bereit sind zuzugeben, dass die Nazis keine sechs Millionen Juden umgebracht haben«.

In seiner Rezension eines Buches über Treblinka, eines der von den Nazifaschisten in Polen errichteten sechs Todeslager, betonte Hermlin, dass es vor allem Juden vernichtete. Die deutschen Faschisten wurden durch die »Präparierung« des Opfers in die Lage versetzt, zum Massenmord überzugehen. »Für diese Präparierung selbst spielte der autochthone Antisemitismus litauischer, polnischer, ukrainischer Bevölkerungsteile seine finstere, von den Deutschen kalt einkalkulierte Rolle als Zutreiber. Dem Einmarsch der Deutschen folgten die Pogrome, wie sie jahrhundertelang stattgefunden hatten, bis ihnen die Sowjetmacht, wo es eine gab, ein Ende setzte. Als die Deutschen nach einigen Tagen die Errichtung von Gettos verfügten, glaubten nicht wenige Juden, ein militärisch bewachtes Getto sei einer amoklaufenden Menge von Totschlägern und Plünderern vorzuziehen. Die Auffüllung der Gettos stellte einen ersten Teil der faschistischen Operation dar. Der zweite bestand in der Entleerung der Gettos in die Vernichtungslager.«[18]

Treblinka war dreizehn Monate »in Betrieb« und löschte das Leben von siebenhunderttausend Menschen aus.

Am 10. November 1968 sprach Hermlin die einleitenden Worte zu einer »Kristallnacht-Gedenkstunde« des PEN-Zentrums der DDR: »Das Datum, mit seinen brennenden Synagogen und geplünderten Geschäften, den Toten der Pogrome und dem massenweisen Einbringen jüdischer Männer in die Konzentrationslager, markiert den halben Weg zwischen dem 1933 verkündeten Judenboykott und der bekannten Endlösung. Es wird mit Recht als beunruhigend empfunden, weil es den Trägern der Gesinnung, die zu ihm führte, und ihren Gegnern, zu denen wir uns rechnen können, zum Bewusstsein bringt, dass Antisemitismus, wie manches andere, unteilbar ist; noch seine geringste Manifestation riecht ganz leicht nach dem Rauch, in den er schließlich zielbewusst seine Opfer auflöst.

Aus dem von uns Erlebten, Begriffenen ergeben sich Folgerungen: Man kann keine Grenzlinie ziehen zwischen einem maßvollen, gemäßigten, nach Rechtfertigung suchenden Antisemitismus und seinen sogenannten Übertreibungen, sowenig man ein Virus gegenüber den von ihm hervorgerufenen Verheerungen in

Schutz nehmen kann. Es handelt sich hier um ein intimes Thema: Jeder hat sich da selbst zu befragen.

Zweitens: Der Antisemitismus ist da, wenn er nicht bekämpft wird, so wie die Krätze auftritt, wenn man seine Scheu vor dem Wasser nicht überwindet. Man kann den Antisemitismus nicht nach Belieben an irgendjemand, irgendwohin delegieren. Die Anfälligkeit für Antisemitismus ist nicht nur bei den Deutschen vorhanden. Sie ist nicht nur bei den Leuten der Rechten feststellbar', so Hermlin 1968 vorm PEN-Zentrum der DDR.»Es wird zuwenig gesehen, dass Antisemitismus nicht nur Juden zur Strecke bringt. Diese freilich deutlich und nachhaltig. Er richtet sich aber auch gegen die von ihm Befallenen: Er zersetzt ganze Gruppen und Völker. Er ist eine Krankheit zum Tode.«

Der Vollständigkeit halber sei auch auf Hermlins Erzählung »Die Zeit der Gemeinsamkeit« von 1949 verwiesen, die den Warschauer Gettoaufstand von 1943 zum Gegenstand hat.[20]

In einem Interview, das 1979 veröffentlicht wurde, äußerte Hermlin den Gedanken, dass für die DDR die Aufführung der US-Fernsehserie »Holocaust« im bundesdeutschen Fernsehen Veranlassung war, im DDR-Fernsehen alle alten antifaschistischen Filme wieder zu zeigen.[21] [...]

Unmissverständlich betonte Hermlin zugleich – und das dürfte eine Antwort auf die Behauptung gewesen sein, die DDR wäre auch antisemitisch: »Die Judenfrage, die für eine Reihe von Jahren bei uns unter dem Einfluss gewisser Entwicklungen in anderen sozialistischen Ländern verdrängt wurde – sagen wir verdrängt, alles andere wäre ungerecht der DDR gegenüber, die sich in dieser Frage bis heute ehrenhaft verhalten hat –, wird heute wieder ganz bewusst herausgestellt. Über die Judenverfolgung und die Vernichtung wird auch in den Schulen besonders viel gesprochen. [...] Immerhin hat es auch in der DDR gewisse Auswüchse gegeben und das unserer Regierung und uns gezeigt, dass es Vergangenheitsbewältigung nicht gibt, wenn sie nicht täglich geleistet wird.«[22]

Warum diese ausführlichen Zitate?

Weil sie beweisen, dass es zur Stellung der Juden und deren Schicksal nach 1945 in der SBZ/DDR kein verordnetes Schweigen gegeben hat, wie heute behauptet, sondern durchaus ein Befassen mit der jüdischen Frage.

Was allerdings nicht bedeutet, dass die genannte amerikanische TV-Serie nicht auch für die DDR einen erneuten Anstoß lieferte, sich der Notwendigkeit zu erinnern, unter anderem auch mit künstlerischen Mitteln die antifaschistische Bildungs- und Erziehungsarbeit umfassend zu stimulieren.

Es soll daran erinnert werden, dass die Bildhauerin Ingeborg Hunzinger (1915-2009) in den Jahren 1989 bis 1994 ihr Hauptwerk »Frauenprotest 1943« schuf. Das Mahnmal in der Berliner Rosenstraße erinnert an 1943, als Frauen erfolgreich dagegen protestierten, dass ihre jüdischen Ehemänner deportiert werden sollten.

Die Tatsache, dass es in Berlin bis dato kein einziges Denkmal gab, das an das Schicksal der Juden erinnerte, hatte die Bildhauerin – selbst jüdischer Herkunft – veranlasst, dem Kulturminister der DDR vorzuschlagen, ein solches Denkmal zu errichten. Der Vorschlag fand Zustimmung, und es entstand die Reliefarbeit.[23]

Auf die Frage, ob es stimme, dass in der DDR Jahrzehnte über den Holocaust geschwiegen worden sei, antwortete Rosemarie Schuder im *Neuen Deutschland* vom 24. Juli 2008, dass allein schon die Artikel und Bücher von Rudolf Hirsch, ihrem Ehemann, »die haltlosen Anwürfe widerlegen«. So habe Hirsch über den ersten und zweiten Auschwitz-Prozess in Frankfurt am Main in den sechziger Jahren ebenso berichtet wie 1966 über den Prozess gegen den SS-Arzt Fischer in Berlin, 1975 bis 1979 über den Majdanek-Prozess in Düsseldorf und 1979/80 über den Lischka-Prozess in Köln.

Über den vor dem Obersten Gericht der DDR durchgeführten Prozess gegen den SS-Arzt Fischer, der unter anderem in Auschwitz »praktiziert« hatte, wurde in der DDR-Öffentlichkeit umfassend berichtet. Wobei in diesem Prozess im Besonderen die Zusammenhänge zwischen dem KZ, in dem vor allem Juden ermordet wurden, und dem IG Farben Konzern verdeutlicht wurden.[24] Eine Verfahrensweise, die BRD-seitig stets kritisiert wurde. Beziehungen zwischen den Nazi-Verbrechern und den Konzernen gehörten in der BRD zu den Tabu-Themen.

Als Israel den SS-Offizier Eichmann vor Gericht stellte, war seitens der DDR höchstes Interesse bekundet worden. In der Tat spielte dabei auch eine Rolle, über mögliche Vertuschungen der Einbeziehung von Nazis in das bundesdeutsche Staatsleben Kenntnisse zu vermitteln. Insbesondere war auch beabsichtigt, mittels der Informationen über den Prozess zu verdeutlichen, welche Infamie es war, dass Bundeskanzler Adenauer über Jahrzehnte Hans Globke als Staatssekretär im Bundeskanzleramt hielt. In der Literatur zu diesem Thema werden vor allem diffamierende Bemerkungen über die Tatsache verlautbart, dass die DDR sich bemühte zu erreichen, dass Friedrich Karl Kaul bei dem Prozess in Israel als Nebenkläger hätte wirken können.

Dafür gab es wenigstens zwei Gründe. Zum einen wurde demonstriert, wie ernsthaft die DDR handelte, wenn es galt, nazistische Verbrechen zu verfolgen und Faschismus nicht mehr zuzulassen. Zum anderen konnte sichtbar werden, mit welchen Mitteln die BRD jahrelang gewirkt hatte, um selbst belastetete Nazis in das bundesrepublikanische Herrschaftssystem einzugliedern.

Israel schottete sich in dieser Hinsicht insbesondere dadurch ab, dass Nebenkläger ausdrücklich nicht zugelassen waren. Von israelischer Seite wurde damit auch erreicht, die BRD im wahrsten Sinne herauszuhalten. Was nicht bedeutete, dass die BRD in Jerusalem zur Beobachtung des Prozesses nicht anwesend gewesen wäre. Kurt Pätzold vermerkt sarkastisch, dass der teuerste Posten in der später gerügten Kostenrechnung der bundesdeutschen Beobachterdelegation in Jerusalem die als unentbehrlich angesehene telefonische Standleitung war.[25]

Für die BRD allerdings setzte der *Spiegel* die im Januar 1979 gesendete vierteilige US-Fernsehfolge »Holocaust« als Inauguration bundesdeutscher Holocaust-Kenntnis an. Die Serie habe alle Rekorde gebrochen. Zwanzig Millionen Deutsche hätten vor dem Bildschirm gesessen und seien über die deutsche Vergangenheit und die Verbrechen an den Juden entsetzt gewesen. Ein *Spiegel special* konstatierte, die Hollywood-Produktion habe zuwege gebracht, was zahllose Bücher, Theaterstücke, Dokumentationen und Filme nur unzureichend geschafft hätten: Auschwitz sei zu einem nationalen Thema geworden.[26]

In seinen »Erinnerungen«[27] verweist Kurt Pätzold ablehnend auf den Begriff »Holocaust«. Es ist interessant, dass »Holocaust« zwar in den Medien so massenhaft verwendet wird, aber dennoch keine wahrheitsgetreue Bezeichnung für den Inhalt des nazistischen Massenmordes ist.

Im von Eberhard Jäckel verfassten Vorwort für die deutsche Ausgabe der »Enzyklopädie des Holocaust« wird darauf verwiesen, dass Shoa und Holocaust verschiedene Begriffe seien, die je einen eigenen Ursprung hätten. Beide entstammten der Bibel. Der Begriff *Shoa* sei der offizielle Begriff im Staat Israel und diene fast ausschließlich zur Kennzeichnung der Verfolgung und Ermordung der europäischen Juden unter den Nationalsozialismus. Das Wort sei eindeutig, habe jedoch den Nachteil, dass es nur mit »Katastrophe« oder »Unheil« übersetzt werden könne und daher in anderen Sprachen nicht hinreichend spezifisch sei. In anderen Sprachen habe sich der Begriff »Holocaust« durchgesetzt. Luther habe es mit

»Brandopfer« übersetzt. Wörtlich bedeute es: »Was ganz verbrannt wird.«

Dem Grunde nach sei dieses Wort unangebracht, denn es meine »ein Gott dargebrachtes Opfer«, was bei den Mordhandlungen der Nazis absolut unzutreffend war.
Sie »opferten« nicht – sie mordeten.

Anmerkungen

1 Olaf Groehler: »Aber sie haben nicht gekämpft!«, in: *konkret* 5/1992. Der Militärhistoriker Olaf Groehler (1935-1995) war von 1985 bis 1990 stellvertretender Direktor des Zentralinstituts für Geschichte der Akademie der Wissenschaften der DDR
2 Kurt Pätzold (1930-2016) war einer der namhaftesten Faschismusforscher der DDR. Seine Entgegnung auf Groehler erschien in der *konkret* 11/1992
3 siehe Karin Hartewig: »Zurückgekehrt. Zur Geschichte der jüdischen Kommunisten in der DDR«, Köln/Weimar/Wien 2000
4 zit. in: »Man hofft, solange man atmet« –in: *Der Spiegel* 4/2005. Die Cellistin Anita Lasker-Wallfisch war 1943 mit 18 Jahren nach Auschwitz gekommen, ihre Eltern waren bereits im Vorjahr nach Izbica deportiert worden. Sie überlebte als Mitglied des sogenannten Mädchenorchesters von Auschwitz
5 siehe Conrad Taler: Nichts gelernt. In: *Neues Deutschland* vom 8./9. November 2008
6 Norbert Podewin: »Der Rabinersohn im Politbüro. Albert Norden Stationen eines ungewöhnlichen Lebens«, edition ost, Berlin 2001
7 Heinz Voßke: »Ein leidenschaftlicher Streiter für den Frieden und den Sozialismus«, in: *Neues Deutschland* vom 4. Dezember 1984
8 Angemerkt sei, dass ein von Albert Norden im Dezember 1926 veröffentlichter Artikel »Gegen den Zionismus« auch in seinem Buch »Fünf Jahrzehnte im Dienst seiner Klasse. Ausgewählte Aufsätze und Reden 1922-1974« publiziert worden war
9 Anna Seghers: Glauben an Irdisches. Essays, Leipzig1969, S. 341
10 zit. in Horst Helas: Fast zwanzig Jahre später: Zur »linken« Streitkultur in Deutschland. In: *Rundbrief* 4/08 (AG Rechtsextremismus/Antifaschismus beim Bundesvorstand der Partei DIE LINKKE), S. 21f.
11 zit. in Thomas Grimm (Hg.): Was von den Träumen blieb, Berlin 1993, S. 100f.
12 Peter Kirchner (1935-2018) war von 1971 bis 1990 Vorsitzender der jüdischen Gemeinde in der DDR-Hauptstadt, seit 1985 auch gewählter Vizepräsident des Verbandes der Jüdischen Gemeinden der DDR

13 zit. in Peter Kirchner: Preußische Verhaltensweisen in der deutsch-jüdischen Gemeinschaft. In: Robin Ostow: Juden aus der DDR und die deutsche Wiedervereinigung, Berlin 1996, S. 30f.
14 L. Joseph Heid: Unempfindlich bis immun. Zum 90. Todestag Rosa Luxemburgs. In: *Jüdische Zeitung*, Januar 2009
15 Ruth Werner: Sonjas Report, Berlin/DDR 1977. Die ungekürzte Fassung erschien 2006 im Verlag Neues Leben
16 Cecilie (1886-1954), geb. Prinzessin von Mecklenburg-Schwerin, seit 1905 mit dem deutschen Kronprinzen Wilhelm von Preußen verheiratet. Dieser rief 1932 zur Wahl Adolf Hitlers auf und war beim »Tag von Potsdam« im März 1933 nächst Hindenburg die wichtigste Figur der Propagandaschau der Nazis
17 Stephan Hermlin: Lektüre 1960-1971, Berlin-Weimar 1973, S. 35ff. Erstveröffentlichung in: Sinn und Form, Heft 4/1968.
18 Stephan Hermlin: Ein Buch über Treblinka. Ders.: Lektüre 1960-1971, Berlin-Weimar 1973, S. 177f. Der Text wurde am 29. Januar 1966 im DDR-*Deutschlandsender* gesprochen
19 Stephan Hermlin: Lektüre ..., a. a. O., S. 227f.
20 Stephan Hermlin: Arkadien, Leipzig 1983. Recl.Bd. 1000, S. 109-165.
21 »Wo sind wir zu Hause?« Gespräch mit Klaus Wagenbach. In: Stephan Hermlin: Äußerungen. 1944-1982, Berlin-Weimar 1983, S. 400.
22 ebenda
23 Christiane Hartmann-Kraatz: Kunst und Architektur in enger Harmonie. In: *Herbst-Blatt* Treptow-Köpenick, Nr. 76 /November-Dezember 2008, S. 20.
24 Vgl. Der Nürnberger Nachfolgeprozess gegen IG Farben, Teil I u. II. In: *junge Welt* vom 26./27. Juli und 28. Juli 2008
25 Kurt Pätzold: Proarabisch, antiisraelisch. In: *konkret* 8/1998, S. 31.
26 »Die Deutschen« – *Spiegel special*, Heft 4/2005, S. 102.
27 Kurt Pätzold: »Die Geschichte kennt kein Pardon. Erinnerungen eines deutschen Historikers. edition ost, Berlin 2008

* Prof. Dr. Detlef Josef (1934-2016) lehrte von 1961 bis 1991 an der Humboldt-Universität zu Berlin und publizierte insbesondere zu Fragen des Antisemitismus und Antifaschismus. In Verlagen der Eulenspiegel Verlagsgruppe erschienen mehrere Werke von ihm, darunter 2010 »Die DDR und die Juden. Eine kritische Untersuchung«, dem dieser Auszug entnommen wurde

*Ellen Brombacher wurde am 15. Februar 1947 als Tochter von Antifaschisten in Westerholt im Ruhrgebiet geboren. 1953 erfolgte ihre Einschulung in der dortigen evangelischen Paul-Gerhard-Schule. 1959, in mittelbarer Folge des KPD-Verbots 1956 in der Bundesrepublik, siedelte sie mit ihrer Mutter Brunhilde Harter, geborene Meyerstein, in die DDR über, wo sich der Vater Ernst Harter schon knapp drei Jahre aufhielt.
Ab der 7. Klasse besuchte Ellen Harter die 6. Oberschule in Berlin-Köpenick. In der 8. Klasse wurde sie zur Freundschaftsratsvorsitzenden der Pionierorganisation »Ernst Thälmann« gewählt. Von 1961 bis 1965 ging sie zur Erweiterten Oberschule (EOS) »Alexander von Humboldt«; in der 10. und 11. Klasse war sie Sekretär(in) der FDJ-Grundorganisation. 1965 beendete sie die EOS mit Abitur und die Facharbeiterausbildung als Funkmechanikerin im VEB Funkwerk Köpenick.*

1965/66 Besuch der Komsomolhochschule in Moskau, danach – von 1966 bis 1984 – war sie hauptamtlich tätig in der Freien Deutschen Jugend, darunter 1. Sekretär(in) der Bezirksleitung Berlin der FDJ.

Von 1966 bis 1970 Abendstudium der russischen Sprache und Literatur mit Abschluss Diplomrussistin. Ihre Diplomarbeit über Antonows »Der zerrissene Rubel« wurde mit »Ausgezeichnet« bewertet.

1973/74 absolvierte Ellen Brombacher einen Einjahreslehrgang an der Parteihochschule »Karl Marx«.

Von 1984 bis 1990 war sie Sekretär(in) in der Bezirksleitung der SED und zuständig für den Kulturbereich.

Im Herbst 1989 gehörte sie dem Arbeitsausschusses zur Vorbereitung des Sonderparteitages der SED an, der im Dezember stattfand.

Von März 1990 bis Dezember 1991 arbeitete Ellen Brombacher als Küchenhilfskraft in der Kita Französische Straße, dann wurde sie vom Bezirksamt Mitte wegen Staatsnähe fristlos gekündigt.

Von Februar bis Dezember 1992 erfolgte ihre Umschulung im Bereich Kulturmanagement. 1993/94 war sie Arzthelferin, von 1994 bis 1998 im Verein »Kultur ist plural« als Sozialbetreuerin für Ausländer tätig.

1998/99 arbeitslos, Pflege ihrer dementen Mutter.

Von 2000 bis zum Eintritt ins Rentenalter Arbeit in der gGmbH »BQG Ankunft«, dort vorwiegend aktiv bei der Sozialbetreuung russischsprachiger Klienten (Kontingentflüchtlinge, Russlanddeutsche und Asylbewerber).

Über den gesamten Zeitraum von 1990 bis heute aktiv in der PDS und der Partei DIE LINKE, vor allem als Bundessprecherin der Kommunistischen Plattform. Seit Ende der neunziger Jahre Mitarbeit im Berliner Flüchtlingsrat.
Ellen Brombacher ist mit Pedro Brombacher verheiratet und lebt in Berlin. Sie haben einen Sohn, Sascha, die Enkelkinder Sophie und Mads sowie die Urenkelin Emily.

Neues Leben – eine Marke der
Eulenspiegel Verlagsgruppe Buchverlage

ISBN 978-3-355-01913-2

1. Auflage 2022

© Eulenspiegel Verlagsgruppe Buchverlage GmbH, Berlin
Alle Rechte der Verbreitung vorbehalten.
Ohne ausdrückliche Genehmigung des Verlages ist es nicht gestattet,
dieses Werk oder Teile daraus auf fotomechanischem Weg
zu vervielfältigen oder in Datenbanken aufzunehmen.

Satz: edition ost
Fotos: Archiv Ellen Brombacher; Robert Allertz S. 119, 127, 189, 235
Titel: Unter Verwendung eines Fotos von Robert Allertz

Druck: Sowa Druk, Polen

www.eulenspiegel.com